Ian Macdonald

Männer nach der Trennung

Aus dem Englischen von
Bettina Lemke

Deutscher Taschenbuch Verlag

Deutsche Erstausgabe
September 2008
Deutscher Taschenbuch Verlag GmbH & Co. KG,
München
www.dtv.de
Australische Originalausgabe:

unter dem Titel ›Men after separation: surviving
and growing when your relationship ends‹
erschienen bei Finch Publishing PTY LTD, Australien 2005
Dieses Werk wurde vermittelt durch die Literarische Agentur
Thomas Schlück GmbH, 30827 Garbsen
Deutschsprachige Ausgabe:

Umschlagkonzept: Balk & Brumshagen
Umschlagbild: gettyimages/David Allan Brandt
Satz: Greiner & Reichel, Köln
Gesetzt aus der Stone Serif 9,25/11,75˙ und der Stone Sans
Druck und Bindung: Druckerei C.H. Beck, Nördlingen
Gedruckt auf säurefreiem, chlorfrei gebleichtem Papier
Printed in Germany · ISBN 978-3-423-34500-2

dtv

Lebensnah, geradlinig und einfühlsam ist Ian Macdonalds kompakter Ratgeber für Männer nach der Trennung, der aus seiner persönlichen Erfahrung heraus entstanden ist. Welche Phasen durchläuft man, wenn eine Beziehung auseinandergegangen ist, und wie kann man die neue Situation emotional und psychisch meistern, ja sogar daran wachsen? Mit Fallbeispielen und vielen Ratschlägen zum richtigen Umgang mit Kindern, zu Sexualität, Gewalt, die aus Wut entsteht, und zur Frage der neuen Lebensumstände, etwa dass man auf keinen Fall die erstbeste schäbige Unterkunft nehmen soll, auch wenn man aufs Geld schauen muss.

Ian Macdonald war in der Kunst- und Werbebranche tätig und lebt heute als freier Schriftsteller und Maler in Sydney.

Inhalt

Dieses Buch ist all den Männern gewidmet, mit denen ich viele Stunden lang offene und häufig schmerzliche Gespräche geführt habe. Ich fühle mich geehrt, dass sie mir ihr Vertrauen geschenkt haben, und danke ihnen allen für ihren Beitrag.

Einleitung

Es ist besser, Liebe empfunden
Und Verlust erlitten zu haben,
Als niemals geliebt zu haben.
Alfred Lord Tennyson

Dieses Buch ist jenen Männern gewidmet, die Liebe empfunden und Verlust erlitten haben. Ich habe es für all die vielen Männer geschrieben, die einsam und alleine sind, weil ihre Partnerin gestorben ist oder sie verlassen hat und die sich verzweifelt darum bemühen, die Situation ohne ihre Partnerin irgendwie auszuhalten und ihr Leben wieder auf die Reihe zu bekommen.

In den meisten westlichen Gesellschaften werden jede Woche Tausende von Paaren geschieden: In den USA ist die Scheidungsrate mit 4,2 pro 1000 Personen am höchsten. In Großbritannien liegt sie bei 2,9 und in Australien bei 2,8 pro 1000. Kanada gehört mit 2,3 pro 1000 zu den Ländern mit einer eher niedrigeren Scheidungsrate.

Diese Zahlen stehen für unglaublich viel Leid und Trauer, und in den meisten Fällen werden die betroffenen Männer mit der Situation nur sehr schwer fertig. Dieses Buch soll ihnen helfen, einige der komplexen Gefühle zu verstehen, die bei einer Trennung auftreten, sowie besser mit Emotionen klarzukommen, die für sie häufig völlig neu sind. Für viele Männer ist die plötzliche Verzweiflung angesichts des Alleinseins und sind Gefühle wie Wut und Trauer fast unerträglich. Wir Männer müssen daher lernen, unser Leben neu zu ordnen, wenn wir das Ganze glimpflich überstehen wollen. Die Zeit mag ja vielleicht alle Wunden heilen (wie wohlmeinende Freunde immer wieder beteuern), aber wenn wir nicht lernen, unser Leben selbst in die Hand zu nehmen, und der Zeit keine Chance geben, ihre heilende Kraft zu entfalten, bleibt das lediglich eine Binsenweisheit.

Dieses Buch ist weder eine komplizierte psychologische Abhandlung noch bietet es Patentrezepte gegen die Trauer. Es ist nichts anderes als das Ergebnis meiner persönlichen Erfahrungen sowie der Erfahrungen anderer Männer, die sehr offen mit mir darüber gesprochen haben.

Ich hoffe, dieses Buch schenkt Männern, die sich mit ihrer Situation völlig allein gelassen fühlen, etwas Hoffnung und den einen oder anderen guten Rat. Vielleicht tröstet es sie, zu erfahren, dass ein ganzes Heer von Leidensgenossen genau das Gleiche durchmacht wie sie, die meisten die Trennung aber überstehen und danach wieder ein erfülltes, glückliches Leben führen. Ich wünsche mir, dass meine Leser – so wie ich nach einem langen, schwierigen Prozess – einen Punkt erreichen, an dem sie voller Überzeugung sagen: »Ich bin Herr über mein Leben, ich habe mein Schicksal selbst in der Hand.«

Dieses Buch ist für Männer geschrieben, und ich möchte mich nicht dafür entschuldigen. Es soll in keiner Weise sexistisch sein oder Männer und Frauen in zwei Lager spalten. Auch Frauen fügt eine Trennung viel Leid zu. Allerdings haben sie Netzwerke geschaffen und können daher in der Regel sowohl auf privater wie auch auf institutioneller Ebene mit viel Unterstützung rechnen. Außerdem gibt es bereits zahlreiche Ratgeber, die sich vorwiegend an Frauen richten. Es ist einfach an der Zeit, dieses Ungleichgewicht zu beseitigen.

Ich versuche in diesem Buch nicht, nach Ursachen oder Fehlern zu fahnden, die zum Scheitern einer Beziehung führen. Es gibt bereits viele Bücher zu diesem Thema. Davon abgesehen bin ich nicht qualifiziert, mich differenziert damit auseinanderzusetzen. Ich wende mich mit meinem Buch an Männer, deren Beziehung unwiderruflich gescheitert ist. Mein Ziel ist es, denen Hoffnung zu machen, die sich von dem Schlag noch nicht wieder erholt haben. Ich möchte ihnen helfen, der Zukunft wieder voller Kraft und Zuversicht entgegenzusehen.

Darüber hinaus befasse ich mich mit verschiedenen Aspekten, die relevant werden, wenn man eine neue Beziehung eingeht. Und ich zeige, wie man Fehler der Vergangenheit erkennt, um Beziehungskatastrophen künftig zu vermeiden.

Was auch immer die Ursache für eine Trennung gewesen ist – weil die Partnerin gestorben oder die Beziehung in die Brüche gegangen ist – jeder halbwegs sensible Mann wird eine Phase intensiver Trauer durchmachen. Sie ist absolut unvermeidlich, und der einzige Trost ist, dass sie im Laufe der Zeit vergehen wird. Der erste wichtige Schritt besteht darin, den Trauerprozess zu steuern. Man kann seine zerstörerische Wirkung minimieren und sogar eine positive emotionale Kraft daraus ziehen.

Die Trauer vermag eine starke Energie hervorzurufen, die zu einer intensiven Phase der Selbstfindung führen kann. Steve Biddulph, der Autor des Buches ›Männer auf der Suche‹, hat mir in einem Brief einmal Folgendes geschrieben: »In dieser Lebensphase finden Männer sich häufig wirklich selbst – denn sie ... betrachten sich selbstkritisch und verändern einige Dinge grundlegend.« Wenn wir unsere Trauer als etwas Positives betrachten und ihre Kraft erkennen, können wir viele tiefe Gefühle zulassen, die wir möglicherweise jahrelang verdrängt haben. Und wenn wir unseren Gefühlen erlauben, aus dem Gefängnis auszubrechen, in das wir sie zumeist eingesperrt haben, werden wir insgesamt viel achtsamer und bewusster leben.

Vor einigen Jahren geriet ich aufgrund einer Trennung in einen Zustand tiefster Verzweiflung. Ich bereitete zu dieser Zeit gerade eine Ausstellung vor und bat die Leiterin der Galerie, die Ausstellung abzusagen. Aber weise, wie sie war, lehnte sie das ab und riet mir stattdessen, meine Trauer in meine Arbeit einfließen zu lassen. Ich arbeitete also weiter, und am Ende war die Ausstellung tatsächlich ein großer Erfolg. Doch weit wichtiger war die psychologische Wirkung, die die erzwungene Disziplin auf mich hatte. Da ich eine Verpflichtung einem anderen gegenüber hatte, musste ich meine eigene Trauer beiseiteschieben und mich auf meine Arbeit konzentrieren. Das half mir letztlich dabei, wieder auf die Beine zu kommen.

Teil 1
Überleben

1 Trennung

Sie ging fort und hinterließ in mir
Den Schmerz aller vergangener
Und aller zukünftiger Trennungen.
Francis Thompson

Das Ende einer Liebesbeziehung kann das traumatischste Erlebnis im Leben eines Menschen sein. Egal, ob es aufgrund eines Todesfalls oder einer Trennung dazu kommt – die Trauer ist für alle, die echte Gefühle für ihren Partner hatten, schlimm oder sogar unerträglich. Diese Wunde heilt nur mit der Zeit, daher sollte man sie versorgen. Ich kenne ein paar Menschen, bei denen die Wunde offenbar nie ganz verheilt ist, obwohl sie mitten im Leben stehen und zum Teil neue Beziehungen eingegangen sind.

Wer entscheidet sich für eine Trennung?

Die große Mehrheit der Trennungen bei verheirateten Paaren wird von den Frauen eingeleitet. Manchen Studien zufolge ist es in über 80 Prozent der Fälle so. Sehr häufig haben die Männer keinen blassen Schimmer von dem bevorstehenden Desaster. Manchmal kommen sie in ein komplett ausgeräumtes Haus zurück. Viele Männer berichten, sie hätten keine Ahnung gehabt, dass mit der Beziehung etwas nicht in Ordnung war – sie merkten es erst, als ihre Partnerin sie tatsächlich verließ.

Diese Männer trifft die Trennung wie ein Schock. Sie fühlen sich wie betäubt, können es nicht glauben, sind wütend und deprimiert. Ihre Emotionen kochen zu einer unkontrollierbaren Wut hoch, und mancher normalerweise sanftmütige Mann kann sogar gefährlich gewalttätig werden. Manchmal liegen Selbstbeherrschung und körperliche Gewaltanwendung oder sogar Mord nur um Haaresbreite voneinander entfernt. Die Franzosen beschreiben die Kraft dieser heftigen Emotionen mit dem Begriff *crime passionelle* (Verbrechen aus Leidenschaft). Wenn überdies ein Liebhaber im Spiel ist, kann der Faktor Eifersucht ein weiterer Katalysator in dieser ohnehin hochexplosiven Situation sein. Es ist, als würde man Benzin auf eine schwelende Glut schütten. Und dann richten Männer ihre Wut auch gegen Menschen, die nichts mit der Situation zu tun haben. Ihr Zorn kann sich an Verwandten, Kollegen, Freunden und sogar an ihren Kindern entladen.

Allzu häufig breitet sich ein emotionaler Sumpf aus, sodass die Männer völlig den Boden unter den Füßen verlieren und den Suizid als einzige Lösung sehen. Manche geben dem Impuls nach; andere sterben einen langsamen Tod, indem sie sich bis zur Selbstzerstörung vernachlässigen oder exzessiv Drogen und Alkohol konsumieren.

Rod ist um die dreißig und hat eine fünfjährige Tochter. Seine Frau, die Mutter des kleinen Mädchens, hat ihn wegen eines anderen Mannes verlassen, als das Kind zwei Jahre alt war. Seitdem hat sich Rod um seine Tochter gekümmert. Vor ein paar Jahren lernte er eine andere Frau kennen und zog kurz darauf bei ihr ein. Rod ist Bauunternehmer und investierte viel Zeit und Geld, um das heruntergekommene Haus seiner neuen Lebensgefährtin in einen angenehmen und schönen Ort zu verwandeln. Es war ein Liebesdienst, und Rod freute sich, dass er so viel zum gemeinsamen Leben beitrug. Das Paar plante, bald zu heiraten und ein weiteres Kind zu bekommen. Rod erwirtschaftete den gesamten Unterhalt der Familie und hatte das Gefühl, dass die Beziehung in jeder Hinsicht stabil war. Seine Tochter Meg war gut aufgehoben und wusste, dass sie einen liebevollen Vater sowie eine Stiefmutter hatte, die das kleine Mädchen offenbar auch sehr mochte.

Als Rod eines Tages von einer Geschäftsreise zurückkehrte, musste er entsetzt feststellen, dass ein anderer Mann sich während seiner Abwesenheit im Haus eingenistet hatte. Er wurde ihm als »mein neuer Freund« vorgestellt. Obendrein erhielt er die Aufforderung, seine Habseligkeiten zusammenzupacken und zu gehen. Die einzige Erklärung, die er bekam, lautete: »Keine Beziehung hält ewig.« Rod kochte vor Wut. »Ich wäre am liebsten auf den Kerl losgegangen«, sagte er. »Und ich war nahe daran, beide auf der Stelle umzubringen, wenn Meg nicht gebettelt hätte, dass ich sie von dort wegbringen soll.«

Mittlerweile lebt Rod mit Meg in einer kleinen Wohnung und verbringt den größten Teil seiner Freizeit mit ihr. Er hat ein paar gute Freundinnen, aber keine Beziehung und scheut sich davor, eine feste Bindung einzugehen. Rod ist ein sensibler Mann, er ist skeptisch geworden und hat das Gefühl, keiner Frau mehr trauen zu können. Nun versucht er, sich mit seiner emotionalen Verletzlichkeit auseinanderzusetzen.

Trennungsgründe

Bart steht vor den Trümmern seiner dritten Ehe mit einer jüngeren Frau, die zwei Kinder im Teenageralter hat. Nach zwölf Jahren Ehe hat sie ihm eröffnet, dass sie »genug« habe. Sie habe es satt, immer nur als eine Hälfte eines Paares gesehen zu werden, und müsse nun ihre eigene Identität finden. Das war ihre einzige Erklärung für ihren Trennungswunsch. Sie weigerte sich, eine Paartherapie mit ihrem Mann zu machen, und nach ein paar gescheiterten Versöhnungsversuchen zog Bart aus dem gemeinsamen Haus aus.

Er ist verständlicherweise verbittert darüber, so kaltblütig abserviert worden zu sein, nachdem er die Kinder seiner Frau all die Jahre unterstützt hat und ein Vater für sie gewesen ist. Nur wenige Wochen vor der Trennung hatte er sich mit seiner Frau darüber unterhalten, wie sich ihr Leben verändern würde, wenn die Kinder aus dem Haus wären. Denn es war absehbar, dass diese bald ihre eigenen Wege gehen würden.

Natürlich gehen nicht alle Trennungen nur von einer Seite aus. Mehrere Freunde von mir haben sich mit ihrer Partnerin einvernehmlich dazu entschlossen, und sie gehen sogar hin und wieder gemeinsam zum Essen, um miteinander im Gespräch zu bleiben. Allerdings geht das nur selten gut, da einer der beiden Partner in der Regel mehr vom anderen erwartet, als dieser in einer freundschaftlichen Beziehung zu geben bereit ist. Häufig ist auch Sex dabei ein Thema, da es vielen Männern schwerfällt, eine platonische Freundschaft mit einer früheren Partnerin zu haben. Manchmal ist das erst nach einem langen Heilungsprozess möglich. Solange die Wunden noch frisch sind, verlangt es den meisten Menschen sehr viel ab.

Bei einigen Männern stellt sich nach der endgültigen Trennung von einer langjährigen Partnerin ein Gefühl der Erleichterung ein. Wenn man sich in einer Ehe gegenseitig anödet oder die Beziehung jegliche Spannung verloren hat, kann man das gut nachvollziehen. Ein Bekannter von mir ließ sich fast unmittelbar nach seinem Auszug aus dem gemeinsamen Haus auf eine Reihe von sexuellen Abenteuern ein und machte sogar Witze darüber, dass er »wohl bald eine Hilfskraft engagieren« müsse, um den anfallenden Verpflichtungen nachkommen zu können. Nach einigen Wochen dieses ungewohnt freien und ausschweifenden Lebensstils erkannte er, dass sexuelle Abenteuer allein ihn nicht erfüllten, und plötzlich fühlte er sich sehr einsam.

Egal, ob wir uns im Zorn oder mit einem Gefühl der Reue von unserer Partnerin trennen, ob es dabei dramatisch oder ruhig zugeht – in jedem Fall steht uns eine Zeit großer Trauer bevor. Unser Kummer ist eine reale und spürbare

Kraft, die wir zur Kenntnis nehmen müssen. Darüber hinaus sollten wir uns bewusst machen, dass es nichts bringt, etwas zu bereuen. Wir sollten lieber damit aufhören, ständig in unserer Vergangenheit zu wühlen. Nach einer Trennung machen wir uns gerne etwas vor. Wir tun so, als sei alles in Ordnung, und hoffen, dass alle Probleme verschwinden, wenn wir die Realität nur stark genug verdrängen. Doch es steht unwiderruflich und unumstößlich fest: Wir sind von jetzt an allein. Dieser Tatsache müssen wir ins Auge sehen, auch wenn es unangenehm ist. Es ist leichter, an das gemeinsame Glück und die guten Zeiten in einer Beziehung zu denken als an die schwierigen. Aber wenn wir die Situation leidlich gut überstehen wollen, sollten wir keinesfalls die negativen Aspekte der Beziehung vergessen, die zur gegenwärtigen Katastrophe geführt haben.

Das Unwiderrufliche akzeptieren

An welchem Punkt akzeptieren wir schließlich, dass eine Beziehung endgültig gescheitert ist? Rod und Bart hatten ihre Partnerinnen gebeten, eine Therapie mit ihnen zu machen. Beide Frauen hatten das aber abgelehnt und wollten sich auf keinen Neuanfang einlassen. Die beiden Männer akzeptierten die Situation erst, nachdem sie ihre Partnerinnen inständig, aber vergeblich darum gebeten hatten, zu ihnen zurückzukehren. Bei anderen Paaren ist die Situation weniger dramatisch. Viele einigen sich sogar sehr ruhig und einvernehmlich auf eine Trennung.

Manchmal entschließen sich die Partner auch zu einer Trennung auf Probe. Ein Paar aus meinem Bekanntenkreis entschied sich für dieses Modell und nahm die Beziehung nach der Trennungsphase wieder auf. In einem anderen Fall gingen beide Partner nach der Trennung eine neue Beziehung ein, kehrten nach einigen Monaten aber in ihre alte Beziehung zurück. Die neue Partnerschaft hatte ihnen nicht das geboten, was sie sich davon erhofft hatten, und sie erkannten, wie gut der alte Partner doch zu ihnen passte. Für das Paar war es ein Happy-End, aber natürlich blieben ihre neuen Partner verlassen zurück.

Bisweilen knallen Partner die Türen auch so fest hinter sich zu, dass sie sich nie mehr öffnen lassen. In einer Krisensituation tun oder sagen wir häufig Dinge, die nie mehr gutzumachen sind. Als ein alter Freund meines Vaters mir erzählte, dass seine Frau und er sich nach fünfzig Jahren Ehe getrennt hatten, war ich schockiert. Sie waren mir stets wie ein ideales Paar vorgekommen. Sie waren sehr liebevoll miteinander umgegangen und schienen füreinander geschaffen zu sein. Doch wie der Mann mir erzählte, hatten sie unverzeihliche Dinge zueinander gesagt, die sie nie mehr vergessen konnten und die ein weiteres Zusammenleben unmöglich machten.

Sich überfordert fühlen

> Roy war der Inhaber eines erfolgreichen kleinen Unternehmens und führte ein scheinbar beneidenswertes Leben. Finanziell ging es ihm sehr gut. Außerdem hatte er eine attraktive Frau, drei Kinder, viele Freunde und ein insgesamt spannendes Leben. Eines Tages erfuhr ich von einem gemeinsamen Freund, dass er sich erschossen hatte. Seine Frau hatte eine Affäre mit einem anderen Mann gehabt und ihrem Ehemann immer wieder vorgehalten, er sei nicht gut im Bett.

Aber auch in diesem Fall hatte die Partnerin sich geweigert, eine Paartherapie zu machen. Und die wiederholten Bitten ihres Ehemanns, einen Neuanfang zu versuchen, waren bei ihr ebenfalls auf taube Ohren gestoßen. Vielleicht wäre er noch am Leben, wenn er mit jemandem über seine Situation gesprochen hätte. Aber offenbar konnte er niemandem sagen, wie unglücklich er eigentlich war. Daher hatten die meisten Menschen keine Ahnung, in welcher nervenaufreibenden Situation er sich befand.

Bart versteht noch immer nicht, warum seine Beziehung in die Brüche ging. »In den ganzen zwölf Jahren gab es kein einziges böses Wort zwischen uns«, sagte er mir. »Ich sorgte für den Unterhalt der Familie, ich war stets ausgeglichen und all die Jahre meiner Partnerin treu. Außerdem trug ich immer gewissenhaft den Müll raus, spielte mit den Kindern … – was ist bloß schiefgelaufen? Seit unserer Trennung hatte sie schon mehrere Liebhaber, aber sie sagt mir immer wieder, dass ich der Einzige bin, der sie wirklich sexuell erfüllt hat.«

Mehrere Versöhnungsversuche scheiterten. Bart lud seine Expartnerin sogar zu einer gemeinsamen Reise ein. »Es war eine sehr leidenschaftliche Woche«, erinnerte er sich, »doch kaum waren wir zu Hause, zog sie wieder mit einem Kerl rum, mit dem sie schon vorher eine kurze Affäre gehabt hatte.« Bis heute begreift Bart nicht, warum diese zärtliche, tolle Frau sich auf einmal aus dem Staub gemacht und sich auf eigenartige Beziehungen eingelassen hat, sobald sie ihre »neue Freiheit« gewonnen hatte.

Die Trennung überstehen

Natürlich scheitern nicht alle Beziehungen, weil die Frauen sie beenden. Wie es so schön heißt, gehören immer zwei dazu. Trotzdem sind Männer angesichts einer Trennung meistens überrascht und verletzt und können sich einfach nicht erklären, was eigentlich schiefgelaufen ist. Frauen dagegen sagen oft, sie hätten schon seit Jahren versucht, mit ihrem Partner über ihre Beziehungsprobleme zu reden. Doch offenbar ist selbst in unserem aufgeklärten Zeitalter eine gute Kommunikation zwischen den Geschlechtern keineswegs selbstverständlich.

All das mag zwar etwas deprimierend klingen, doch die meisten Menschen, von denen hier die Rede ist, haben die Trennung überstanden und sind später wieder glücklich geworden – entweder mit sich selbst oder in einer neuen Beziehung.

Ich habe mich intensiv mit den negativen Aspekten einer Trennung auseinandergesetzt, weil sie unmittelbar nach dem Ende einer Beziehung so im Vordergrund stehen. Doch wir sollten uns Folgendes bewusst machen: Wir sind nicht die Einzigen, denen so etwas widerfährt, und die meisten von uns sind nach einer solchen Katastrophe stärker und reifer als je zuvor. Wir können uns von dem Schlag wieder erholen, und wir haben es selbst in der Hand, wie schnell wir auf dem Weg zur emotionalen Heilung vorankommen.

Der erste positive Schritt zur Bewältigung des Trennungstraumas besteht darin, das Scheitern der Beziehung *zu akzeptieren*. Wir dürfen uns nicht länger vormachen, das alles sei lediglich ein schlechter Traum, der am nächsten Morgen vorüber ist. Wenn wir bereits alle Möglichkeiten ausgeschöpft haben, unsere Partnerin zurückzugewinnen, unsere Anstrengungen aber vergeblich waren, müssen wir einsehen, dass dies das endgültige Aus bedeutet. Unsere Versuche, etwas zu reparieren, das sich nicht mehr reparieren lässt, machen den Schmerz nur noch schlimmer.

■ Kernpunkte

- Die meisten Trennungen werden von Frauen eingeleitet.
- Möglicherweise sind Ihnen die Gründe für die Trennung unerklärlich und unverständlich.
- Versuchen Sie sich mit Ihrer Partnerin zu versöhnen – wenn Sie das möchten.
- Wenn all Ihre Versöhnungsversuche gescheitert sind, sollten Sie den Tatsachen ins Auge sehen und nach vorne schauen!

2 Scheidung

Liebten wir uns nicht so herzlich,
Schieden wir uns nicht so schmerzlich;
Hätten wir uns nie gesprochen,
Wär uns nie das Herz gebrochen.

Robert Burns

Mit einem Scheidungsverfahren wird die Endgültigkeit einer Trennung besiegelt. Häufig müssen die Partner angesichts einer Scheidung erst einmal tief Luft holen, denn nun gilt es, aus einer ganz anderen Perspektive über die Zukunft nachzudenken. Jetzt ist es an der Zeit, wirklich in sich zu gehen und sich zu fragen, ob man in der Lage ist, für immer ohne den anderen zu leben. Ein Freund von mir zog seinen Scheidungsantrag zurück, nachdem er sich wieder mit seiner Frau versöhnt hatte. Allerdings reichte er die Scheidung später erneut ein, da deutlich wurde, dass die Ehe tatsächlich gescheitert war.

Die Scheidung einvernehmlich regeln

Sobald Sie sich endgültig für eine Scheidung entschieden haben, sollten Sie das Ganze möglichst bald angehen, um den Stress, der mit einem solchen Prozess einhergeht, schnell hinter sich zu bringen. Häufig einigen sich Paare in vielen Dingen bereits ohne einen Anwalt. Größere Unstimmigkeiten entstehen in der Regel bezüglich des Besitzes, des Sorge- und Besuchsrechts für die Kinder oder der Unterhaltszahlungen. Bei diesen Themen kommt es erfahrungsgemäß zu den meisten Streitigkeiten. Es empfiehlt sich jedoch, diese wesentlichen Dinge bereits im Vorfeld zu klären, da sich Konflikte meist verschärfen, wenn Anwälte versuchen, möglichst viel für ihre Klienten herauszuschlagen. Sehr häufig verstehen sich die Partner noch relativ gut – bis die Anwälte auf den Plan treten und die Fronten sich verhärten. Das ist keine Kritik an den Abläufen vor Gericht. Aber es ist einfach eine Tatsache, dass Konflikte eskalieren, wenn sie vor Gericht ausgetragen werden.

Sind Kinder von einem Scheidungsprozess betroffen, haben ihre Interessen in aller Regel Priorität. Die meisten Eltern, die sich scheiden lassen, sind allerdings zum Glück in der Lage, bereits vor dem Prozess eine Lösung für ihre Differenzen zu finden. So vermeiden sie zusätzliche Belastungen durch einen aufreibenden Kampf vor Gericht. Der gute Wille und das Anliegen der Eltern, möglichst im Sinne der Kinder zu handeln, ist immer die beste Lösung. Gerichtlich angeordnete Regelungen sollten immer das letzte Mittel der Wahl sein.

Falls es Ihnen nicht gelingt, grundlegende Dinge einvernehmlich untereinander zu regeln, sollten Sie eine psychologische Beratung oder Mediation in Erwägung ziehen. Natürlich ist eine Beratung am effektivsten, wenn beide Partner daran teilnehmen. Aber falls einer das ablehnt, kann zumindest der andere das Angebot nutzen. Die Sitzungen sollen die Kommunikation zwischen den Partnern verbessern und ihnen helfen, mit den emotionalen Problemen fertig zu werden, denen sie sich in dieser schwierigen Phase gegenübersehen.

Sollten sich bestimmte Konfliktbereiche aber als unüberbrückbar erweisen, bleibt den Partnern nichts anderes übrig, als sich von ihren Anwälten juristisch beraten zu lassen.

Der gesamte Scheidungsprozess löst bei den meisten Betroffenen große Verunsicherung aus, und es ist zweifellos unangenehm, eine Ehe offiziell zu beenden, aber eigentlich handelt es sich dabei um einen relativ einfachen und überschaubaren Vorgang. Wenn man bedenkt, was für ein Ritual eine Eheschließung ist, erscheint es fast etwas seltsam, dass die Auflösung der Ehe relativ sang- und klanglos vollzogen wird.

In vielen westlichen Ländern erkennt das Gesetz mittlerweile nur noch einen Scheidungsgrund an: das unwiderrufliche Scheitern der Ehegemeinschaft. Dies wird angenommen, wenn die Parteien zwölf Monate oder länger getrennt voneinander gelebt haben. Im Gegensatz zu früheren Regelungen spielt das sogenannte »Schuldprinzip« heutzutage keine Rolle mehr. Möglicherweise fordert das Gericht Beweise dafür, dass die Partner getrennt leben. In manchen Fällen wird es akzeptieren, dass das Paar getrennt ist, obwohl es aufgrund äußerer Zwänge vielleicht noch unter demselben Dach leben muss. Falls es zwischendurch zur Versöhnung kommt, wird die Zeit der Trennung ab dem Punkt weitergerechnet, an dem sie erneut vollzogen wurde. Das heißt, Sie müssen nicht wieder von vorne anfangen.

Sorgerecht und Besuchsrecht

Wenn es aufgrund von Interessenskonflikten der Eltern zu einem erbitterten Kampf vor Gericht kommt, kann das überaus negative Auswirkungen auf die Kinder haben. Deshalb sollte man Vernunft walten lassen und im Interesse der Kinder versuchen, zu einer Einigung bezüglich des Sorge- und Besuchsrechts zu gelangen. Die Gerichte fordern die Eltern in der Regel dazu auf, sich außergerichtlich zu einigen, und ordnen diese Vereinbarungen dann so an, als wären sie vom Gericht verfügt worden. Wenn es zu keiner Einigung kommt, schreitet das Gericht ein.

Eine Bekannte von mir hat bei ihrem Scheidungsverfahren etwas sehr Bewegendes getan: Sie hat das Sorgerecht für ihre beiden Kinder freiwillig auf ihren Exmann übertragen, da die Kinder es sich so gewünscht hatten. Es war ein ziemlich ungewöhnlicher Schritt, aber sie scheint für alle Parteien gut zu funktionieren.

Das Besuchsrecht vernünftig regeln

Für den Elternteil ohne Sorgerecht – meistens der Mann – kann die Tatsache, lediglich ein Besuchsrecht zu haben, sehr belastend sein. Noch dazu steht er zwangsläufig weiterhin in Kontakt zu seiner Expartnerin. Bis sich das Ganze einspielt und die Besuchszeitenregelung funktioniert, müssen beide Elternteile viel Verständnis aufbringen und entgegenkommend sein.

Der Elternteil, der das Sorgerecht für die Kinder hat, ist automatisch dafür verantwortlich, dass die Dinge des Alltags erledigt werden, wie zum Beispiel die Hausaufgaben und so etwas Banales und Langweiliges wie Zähneputzen, Aufräumen und Ähnliches. Damit macht sich dieser Elternteil nicht immer beliebt. Der andere Elternteil dagegen kann regelmäßig als derjenige auftreten, der tolle Sachen mit den Kindern macht und sich ein Bein für sie ausreißt.

Rosemary hatte das alleinige Sorgerecht für ihre beiden Kinder, und deren Vater verpasste nie seinen sonntäglichen Besuchstermin. Er ging mit den Kindern in Freizeitparks, in den Zoo, lud sie zum Essen ins Restaurant ein und ließ sich noch viele andere tolle Dinge einfallen, weshalb der Sonntag für die Kinder stets der schönste Tag der Woche war. Eines Abends verkündeten sie, dass sie lieber bei ihrem Vater leben wollten. Rosemary versetzte das einen tiefen Stich, aber sie ließ sich nichts anmerken und half den Kindern, ihre Koffer zu packen. Sie erinnerte sie auch an ihre Schulbücher, Zahnarzttermine und Musikinstrumente und wies sie darauf hin, dass ihr Vater genauso dafür sorgen werde, dass sie fleißig übten und immer ihre Hausaufgaben machten. Als die Kinder erkannten, dass der Ernst des Lebens und der Alltag auch bei ihrem Vater weitergehen würde, änderten sie ihre Meinung und packten zu Rosemarys großer Erleichterung schweigend ihre Koffer wieder aus.

Die Besuchszeiten können die Kinder allerdings auch belasten und dadurch auch das Leben des Elternteils, der das Sorgerecht hat, kompliziert machen. Eine Frau erzählte mir, welche Auswirkungen die Besuche ihrer Kinder bei ihrem offensichtlich nicht gerade treusorgenden Vater hatten: »Am Sonntagabend kommen sie müde, schlecht gelaunt und gestresst zurück. Ihr Vater hat eine neue Freundin, die sie nervt und ihnen das Leben schwer macht. Es dauert eine ganze Woche, bis sich die Kinder einigermaßen normalisieren, und dann ist es schon wieder Zeit für den nächsten Besuch.«

Noch schlimmer scheint es mit Robert zu sein, der seine beiden Teenager-Söhne alle zwei Wochen für ein Wochenende zu Besuch hat. Robert trinkt sehr viel und erinnert sich nach einem Alkoholexzess am Freitagabend häufig nicht mehr, ob gerade wieder ein Besuchswochenende ansteht. Oder er holt die Söhne völlig verkatert und mit großer Verspätung ab. Trotz ihrer Enttäuschung über ihren Vater verhalten sich die Jungen ihm gegenüber erstaunlich loyal, was ihre Mutter nur schwer nachvollziehen kann.

Wenn Sie zu den Tausenden von Männern gehören, die sich sehr darum bemühen, den Kontakt zu ihren Kindern aufrechtzuerhalten, dann bleiben Sie dran. Es ist nicht nur für die Kinder, sondern auch für Ihr Selbstwertgefühl extrem wichtig, sie nicht aufzugeben. Im Laufe der Zeit werden Sie erkennen, welche Bedeutung die Liebe und die Achtung der Kinder für alle Beteiligten hat.

Besitzverhältnisse möglichst rasch klären

Gerade wenn wir uns um persönliche Dinge streiten, bringen uns Kleinigkeiten häufig auf die Palme. Während der Arbeit an diesem Buch habe ich immer wieder Geschichten über Paare gehört, die sich bereits gütlich über so große Dinge wie Haus, Auto und Aktienfonds geeinigt hatten und sich plötzlich wegen eines Gemäldes oder eines Möbelstücks in die Haare gerieten.

Warum hören Vernunft und Besonnenheit so oft bei den Kleinigkeiten auf? Es liegt wohl daran, dass die kleinen Dinge sehr persönliche Symbole für unsere emotionale Vergangenheit sind. So können sie zum Beispiel glücklichere Zeiten repräsentieren, in denen die Partnerschaft noch intakt war, oder sie stehen für das Leben, das man vor der Beziehung hatte.

Ein Bekannter von mir besaß eine wertvolle Büchersammlung und war damit einverstanden, sie zu verkaufen, um damit Haus und Grundstück zu finanzieren. Eins der Bücher wollte er allerdings behalten, da es eine persönliche Widmung des Autors für seinen Vater enthielt. Als seine Frau das erfuhr, wurde sie sehr wütend und bestand darauf, dass er es separat verkaufte. Als er sich weigerte, zerbrach ihre bis dahin recht herzliche Beziehung.

Es ist traurig, dass aus solchen Nichtigkeiten Tragödien entstehen können. Wenn Sie sich mit solchen Problemen herumschlagen müssen, ist es verständlicherweise schwer, rational zu bleiben. In diesem Fall kann eine Mediation durch einen Dritten die einzige Lösung sein.

■ Kernpunkte

- Versuchen Sie, möglichst viele Punkte vor Ihrer Scheidung ohne Anwälte zu klären.
- Vermeiden Sie nach Möglichkeit verhärtete Fronten vor Gericht – es macht den gesamten Scheidungsprozess nur noch nervenaufreibender.
- Nehmen Sie Beratungsangebote wahr. Sie helfen, zu vernünftigen Entscheidungen zu gelangen und sie in die Tat umzusetzen, vor allem wenn es um das Wohlergehen der Kinder geht.

- Regeln Sie das Sorge- und Besuchsrecht möglichst im Sinne der Kinder.
- Nutzen Sie die Besuche der Kinder, um die Beziehung zu ihnen zu stärken.
- Streben Sie eine gute Lösung für alle Beteiligten an und lassen Sie nicht zu, dass Streitigkeiten um materielle Dinge dies verhindern.

3 Trauer

In jeder Trennung zeigt sich
Ein Bild des Todes.
George Eliot

Jede Trennung hat unausweichlich und unmittelbar Trauer zur Folge, egal, was die Ursachen für die Trennung waren. Der Tod eines geliebten Partners ist so schockierend und endgültig, dass wir glauben, es könne keinen größeren Kummer geben. Aber das Ende einer Beziehung kann ebenso intensives und manchmal noch quälenderes Leid hervorrufen.

Ich habe beide Formen der Trauer durchgemacht. Und in beiden Fällen habe ich gleich stark gelitten. Ein entscheidender Unterschied war allerdings das Wissen über die absolute Endgültigkeit des Todes, das mir eine gewisse Stärke verlieh. Bei einer gescheiterten Beziehung hängt man manchmal in einem nervenaufreibenden Zwischenzustand fest, weil manche Dinge noch nicht endgültig abgeschlossen sind. Wenn die Beziehung nicht eindeutig beendet ist, kann es immer wieder zu zermürbenden Begegnungen mit der Partnerin kommen.

Meine erste Ehe endete mit dem plötzlichen Tod meiner Frau, die einen Herzinfarkt erlitten hatte. Unsere Ehe war in jeder Hinsicht gut gewesen. Wir hatten vier großartige Kinder und genug Geld, um ein angenehmes Leben in unserem großen, alten und geschmackvoll eingerichteten Haus zu führen. Unser weiteres Leben war relativ vorhersehbar und wir blickten der Zeit, in der unsere Kinder aus dem Haus sein würden, optimistisch und gelassen entgegen. Wir wollten unsere reiferen Jahre in ruhiger Kontemplation genießen und sahen unsere Zukunft daher in einem goldenen Licht.

Die Trauer verdrängen als vermeintlicher Ausweg

Ich war 41 Jahre alt, als meine geordnete Welt für immer in ihren Grundfesten erschüttert wurde. Die nächsten drei Monate verbrachte ich in einem Schockzustand. Das habe ich mittlerweile erkannt, obwohl ich zu der Zeit so tat, als würde alles weiterlaufen wie bisher. Doch in Wirklichkeit funktionierte ich überhaupt nicht mehr, und in meinem Job kam ich nur aufgrund der großen Unterstützung loyaler Kollegen und meines Chefs über die Runden, der auf diskrete Weise die Kontrolle übernahm, bis ich wieder vernünftig denken konnte. Falls Hugh dies liest, soll er wissen, wie dankbar ich ihm immer noch für seine großartige Hilfe bin.

Viele Jahre später machte ich eine weitere Trennung durch. Eine zehnjährige Ehe ging aus Gründen in die Brüche, die ich bis heute nicht verstanden habe. Ich geriet in einen lähmenden Zustand tiefster Verzweiflung und totaler Niedergeschlagenheit. Gefühle des Zorns, der Trauer und Eifersucht sowie die Überzeugung, dass mir großes Unrecht angetan wurde, bemächtigten sich meiner, machten mich hilflos und warfen mich völlig aus der Bahn. In dieser Verfassung konnte ich die Gedanken von Menschen, die sich das Leben nehmen, besser verstehen als jemals zuvor oder danach.

Malcolm, ein guter Freund von mir, hat vor Kurzem eine Trennung von seiner zweiten Ehefrau durchgemacht, in der es ihm ganz ähnlich erging. Er war zutiefst geschockt und ich konnte seine leidvolle Situation nur zu gut verstehen. In seinem Fall kam ein weiterer Schmerz hinzu, da die Trennung alte Wunden aufriss, die der Tod seiner ersten Frau hinterlassen hatte. Sie hatte sich vor vielen Jahren das Leben genommen. Malcolm erkannte, dass er den Trauerprozess nach dieser schrecklichen Tragödie nie ganz abgeschlossen hatte. Nun musste er mit einer zweiten Katastrophe fertig werden, obwohl er noch nicht einmal die erste richtig verarbeitet hatte.

Auch ich habe erst nach mehreren Jahrzehnten erkannt, dass ich meine eigene Trauerarbeit nie ganz geleistet hatte. Als meine erste Frau starb, musste ich weiterhin zur Arbeit gehen, mich um die Kinder kümmern und vor allem eine gewisse Stabilität aufrechterhalten. Also verdrängte ich den Trauerprozess so stark, dass er die dringend notwendigen Überlebensstrategien nicht gefährdete.

Malcolm und ich haben unsere Trauer damals nicht zugelassen, und wir haben teuer dafür bezahlt. Mein großes Anliegen ist deshalb, mit diesem Kapitel anderen Männern zu helfen, ihre Trauer zu bewältigen. Wenn wir eine Trennung emotional überstehen und gereift aus dieser Erfahrung hervorgehen wollen, müssen wir unsere Trauer zulassen und sie dann genauso wie den anderen Ballast aus der zerbrochenen Beziehung abwerfen.

Das Wesen der Trauer verstehen

Der erste Schritt bei der Bewältigung von Trauer besteht darin, sie zur Kenntnis zu nehmen. Manche Therapeuten vertreten die Ansicht, dass es bestimmte Phasen der Trauer gibt. Ich selbst kann das nicht bestätigen. Nach meiner Erfahrung sind wir allen möglichen komplexen Emotionen ausgesetzt, die in unregelmäßigen Abständen auftreten und allmählich schwächer werden, je mehr wir unsere Situation verarbeiten.

Am leichtesten lässt sich das Schockgefühl überwinden. Ein Schock ist vor allem eine körperliche Reaktion, die durch ein Ereignis hervorgerufen wird, das wir weder vorhersehen noch kontrollieren können und das von eindeutigen Symptomen begleitet wird. Wenn diese auftreten, sollte man umgehend medizinische Hilfe holen. Ein hoher Blutdruck, Herzrasen, Hyperventilation und Panikattacken sind häufige Anzeichen eines Schocks und können gefährlich werden, wenn man sie nicht behandelt.

Allerdings belasteten mich die folgenden Gefühle stärker als der vorübergehende Schockzustand: Ich war deprimiert, wütend, fühlte mich schuldig und kam mir vor allem wie betäubt und von der Welt isoliert vor. Unsere Einsamkeit wird in einer Trennungssituation fast körperlich spürbar, und wir denken, wir seien die einzige verlassene Seele auf der ganzen Welt. Unsere Gefühle türmen sich immer höher auf zu einer abartigen Pyramide, einer hässlichen Ansammlung aus negativen Emotionen, die wir weder konkret fassen noch abschütteln können. Angesichts dieses riesigen Trauerberges fühlen wir uns völlig hilflos.

Unsere natürliche Reaktion ist die Hoffnung, dass der Kummer einfach von allein wieder verschwindet. Wir wollen ihn ignorieren, oder wir versuchen uns irgendwie abzulenken, um den Schmerz zu lindern. Alkohol ist ein leicht verfügbares Mittel, und viele Männer glauben, ihren Schmerz damit betäuben zu können. Unglücklicherweise kommen manche nicht mehr davon los und werden Alkoholiker. Aber zum Glück erkennen die meisten, dass ein Kater die Verzweiflung nur noch größer macht und man sich insgesamt wesentlich elender fühlt.

Fluchtmechanismen

Eine weitere natürliche Reaktion auf eine Trennung besteht darin, sich Hals über Kopf in eine neue Beziehung zu stürzen. Manche Männer haben zahlreiche Affären, weil sie auf diese Weise Trost suchen und hoffen, die drückende Last des Kummers dadurch abschütteln zu können. Sie wähnen sich vom Glück verlassen und schmieden deshalb unglückliche Allianzen. Manchmal stellen sie gerade noch rechtzeitig fest, dass diese lockeren Affären keineswegs erfüllend sind, da sie auf einer falschen Voraussetzung basieren. Ein Freund von mir versuchte sein Problem zu lösen, indem er Prostituierte aufsuchte. Am Ende verabscheute er sich selbst dafür und fühlte sich noch schuldiger als zuvor. Darüber hinaus kostete es ihn eine Menge Geld und, wie er mir einmal sagte, »manchmal habe ich sehr viel bezahlt, nur um mit den Frauen zu reden«.

Diese Fluchtmechanismen sind nicht nur ineffektiv, sie sind sogar höchst kontraproduktiv. Wenn wir unser Leben wieder auf die Reihe bekommen wollen, müssen wir den Trauerprozess durchmachen, auch wenn er schmerzlich ist. Solange wir unseren Kummer nicht bewältigt haben, können wir innerlich keinen Frieden mit der Situation schließen. Und solange das nicht geschieht, sind wir nicht in der Lage, eine neue Beziehung aufzubauen.

Der Durchschnittsmann in unserer westlichen Gesellschaft ist nicht gut darauf vorbereitet, mit Trauer fertig zu werden. Aufgrund unserer Erziehung glauben wir, der Ausdruck von Trauer sei unmännlich, peinlich und unnötig. Beim Begräbnis meiner ersten Frau vergoss ich keine einzige Träne. Ich war vielmehr darauf bedacht, alle Freunde und Bekannte zu begrüßen, damit sie sich nicht gekränkt fühlten. Außerdem ließ ich mich von meiner Mutter überreden, meinen Kindern die belastende Erfahrung eines Begräbnisses zu ersparen. Obwohl sie noch sehr klein waren, glaube ich, dass ich ihnen damit die Möglichkeit und das Recht vorenthalten habe, ihre eigene Trauer zum Ausdruck zu bringen.

Die Trauer bewältigen

Erst nach zwanzig Jahren löste ich mich von meiner aufgestauten Trauer im Rahmen einer Rebirthing-Sitzung bei einem befreundeten Therapeuten. Ich ließ sie spontan an die Oberfläche steigen und heulte und schluchzte hemmungslos. Wenn Sie Ihren Kummer noch eingesperrt haben, rate ich Ihnen, alles herauszulassen! Wenn Sie schreien, schluchzen, brüllen oder toben möchten, dann tun Sie es!

Schämen Sie sich nicht dafür, dass Sie ein großes Gefühlspaket mit sich herumschleppen. Weinen Sie, wenn Sie traurig sind; toben Sie, wenn Sie die Situation als ungerecht empfinden; bringen Sie Ihren Zorn und Ihre Verbitterung voll und ganz zum Ausdruck! Weinen Sie auch, wenn Sie sich schuldig fühlen, und schreien Sie, wenn Sie Angst verspüren. Falls Sie jemanden kennen, der Ihnen dabei helfen kann, all diese Dinge herauszulassen, sollten Sie sich vertrauensvoll an diesen Menschen wenden. Wenn Sie verständnisvolle Freunde haben, bitten Sie diese um Hilfe. Oder suchen Sie einen professionellen Therapeuten auf.

Freunde sind in der Phase der Trauer Gold wert. Allerdings sollten Sie bedenken, dass manche Freunde die Dimension Ihrer Trauer nicht nachvollziehen können – vor allem wenn sie selbst eine solche Erfahrung noch nicht durchgemacht haben. Bürden Sie ihnen daher keine Last auf, mit der sie möglicherweise nicht umgehen können. Seien Sie vielmehr dankbar dafür, dass Ihre Freunde Ihre Unausgeglichenheit tolerieren – alles andere wäre eventuell zu viel erwartet.

■ Kernpunkte

- Lassen Sie Ihre Trauer zu und gestehen Sie sich ein, dass sie eine große Kraft hat.
- Sie können Ihren Kummer erst bewältigen, wenn Sie akzeptieren, dass er vorhanden ist.
- Erwarten Sie von niemanden, dass er Ihre Traurigkeit mindern kann.
- Lassen Sie alles heraus und widmen Sie sich dem Trauerprozess.

4 Einsamkeit

O dass es möglich wäre,
Nach langem Kummer und Harm
Noch einmal mich zu finden,
Treulieb, in deinem Arm!
Alfred Lord Tennyson

Nach dem Scheitern einer Beziehung ist neben dem Trennungsschmerz die Einsamkeit die heimtückischste Emotion. Das Gefühl der Einsamkeit kann uns überwältigen und zerstören. Und wenn wir nicht lernen, es zu kontrollieren, kann es unsere Chancen, wieder auf die Beine zu kommen, vollends zunichtemachen.

Die Einsamkeit verfolgt uns wie ein Schatten, egal, wo wir sind. Wie einem in der Wildnis Verirrten überkommt uns das schreckliche Gefühl, dass es keinen Menschen auf dieser Welt kümmert, ob wir am Leben sind oder sterben. In einer Stadt voller Menschen fühlen wir uns fremd. Überall sehen wir glückliche Paare, die einander ihre Wärme und Zuneigung schenken und völlig in ihrer Zweisamkeit aufgehen. Alte Menschen, die seit vielen Jahrzehnten zusammen sind, gehen Händchen haltend miteinander spazieren. Junge Pärchen küssen sich ungezwungen und erinnern uns auf schmerzliche Weise an vergangene glückliche Zeiten. In dieser düsteren Phase haben wir das Gefühl, der einzige einsame Mensch auf der ganzen Welt zu sein. Es erscheint uns so, als gäbe es niemanden, dem wir unser Herz ausschütten können; niemanden, mit dem wir weinen können; niemanden, der uns in dieser schweren Zeit Halt geben kann.

An diesem Punkt beginnen wir zu glauben, dass wir für immer einsam bleiben werden. Eine dunkle Verzweiflung treibt uns schier an den Rand des Wahnsinns. Die Zukunft erscheint uns grau und trist, und vor unserem geistigen Auge entstehen schreckliche Bilder, die uns zeigen, wie wir immer mehr abbauen und allmählich senil werden. Wir haben Horrorvisionen davon, ein trostloses Dasein in einem Seniorenheim zu fristen, oder – schlimmer noch – wilde Fantasien, wie wir uns als alter Penner mit einer Flasche in der Hand im Park herumtreiben.

Es kann nur noch aufwärtsgehen

Wenn es Ihnen genauso geht, dürfen Sie mir Folgendes glauben: Sie befinden sich an einem emotionalen Tiefpunkt, von dem es nur noch aufwärtsgehen kann! Meiden Sie Parks, in denen sich Obdachlose treffen, und suchen Sie sich jemanden, mit dem Sie reden können. Es ist egal, worüber Sie sich unterhalten. Allein die Tatsache, dass Sie mit einem anderen Menschen sprechen, ist für Sie ein wichtiger Rettungsanker. Halten Sie sich an Menschen, die ebenfalls eine Zeit der Einsamkeit durchgemacht haben. Leute, die stets ein sicheres, behütetes Leben hatten, können einfach nicht verstehen, wie schwerwiegend Ihr Problem ist.

In dieser Phase haben Sie wahrscheinlich mit zwei scheinbar übermächtigen Emotionen zu kämpfen. Zum einen haben Sie große Angst vor der Zukunft, was Panikattacken oder bestenfalls eine allgegenwärtige Furcht vor dem, was da kommt, hervorrufen kann. Zum anderen werden Sie von einer grenzenlosen Trauer um die einst schönen Zeiten übermannt, die Ihnen durch die Trennung verloren gegangen sind. Es ist absolut müßig, diesen Emotionen Raum zu geben, weil Sie weder in Bezug auf die Vergangenheit noch auf die Zukunft irgendetwas tun können. Alles, was zählt und worauf Sie sich ausrichten sollten, ist der gegenwärtige Moment; nur darauf haben Sie Einfluss.

Um mit der Gegenwart fertig zu werden, müssen Sie zunächst erkennen, dass es einen großen Unterschied zwischen dem Alleinsein und der Einsamkeit gibt. So können wir uns beispielsweise auf eine schmerzliche Weise einsam fühlen, wenn wir in Gesellschaft anderer Menschen sind. Die Einsamkeit ist tatsächlich nichts anderes als eine Gemütsverfassung. Wir müssen daher gezielt an unseren Gefühlen arbeiten, anstatt zu versuchen, die äußeren Umstände zu verändern. Gefühle sind steuerbar. Wir müssen lediglich erkennen, dass wir unsere Gedanken kontrollieren und dadurch unsere Gefühle verändern können. Das Gefühl der Einsamkeit unterscheidet sich in dieser Hinsicht nicht von anderen Emotionen und es ist auch keineswegs hartnäckiger.

Keine Trostpflaster-Beziehungen eingehen

Häufig wird die Einsamkeit schier unerträglich. Widerstehen Sie jedoch dem Impuls, den Schmerz durch eine Beziehung mit der nächstbesten Partnerin zu neutralisieren. Wie die Fülle von Kontaktanzeigen in Zeitungen und im Internet belegt, suchen viele Menschen verzweifelt nach einem Partner. Einige sind nicht in der Lage, es für eine Weile alleine auszuhalten, und klammern sich wie ein Ertrinkender verzweifelt an der ersten Hand fest, die ihnen freundschaftlich entgegengestreckt wird. Dieses zwanghafte Verhalten ist bei beiden Geschlechtern anzutreffen, und ich kenne mehrere Leute, die einsam waren und auf der Suche nach Trost mit einer halsbrecherischen Geschwindigkeit von einer unglücklichen Liaison zur nächsten gerannt sind. Sexuelle Aspekte spielten dabei zwar eine Rolle, aber der wichtigste Impuls war stets der Wunsch nach jemandem, an dem die Betroffenen sich festhalten konnten.

Menschen, die diesem Impuls rasch nachgeben und sich relativ wahllos binden, lassen sich häufig ausnutzen. Bestenfalls halten Sie es, so lange Sie dazu imstande sind, in einer schwierigen und eigentlich inakzeptablen Beziehung aus und erleben am Ende erneut ein Trennungstrauma. Schlimmstenfalls werden Sie das Opfer einer extremen Ausbeutung, die sogar Hab und Gut gefährden kann. Es gibt Menschen, die gezielt nach einsamen Seelen suchen und sie vorsätzlich ausbeuten. Sie tarnen sich oft sehr geschickt als sympathische Frau oder als beschützender Mann. Partnervermittlungen arbeiten in den meisten Fällen seriös. Allerdings gibt es immer wieder welche, die sich nicht korrekt verhalten.

In der schwierigen Phase nach einer Trennung denken Sie möglicherweise, jede beliebige Lösung sei besser als gar keine. Doch der beste Rat lautet in diesem Fall: Pflegen Sie Ihre bestehenden Freundschaften. Vertiefen Sie Beziehungen mit Frauen, die Sie kennen und respektieren und mit denen Sie keine Liebesbeziehung haben. Versuchen Sie auch, eine engere Beziehung zu Ihren männlichen Freunden aufzubauen. Widmen Sie sich darüber hinaus auch Ihrer Familie. Vielleicht sind Ihre Kinder eine große Stütze für Sie. Häufig geben sie Weisheiten von sich, die für ihr Alter verblüffend sind.

Verlegen Sie sich nicht darauf, dass eine andere Frau Sie aus Ihrer Situation retten könnte. Sie müssen es selbst schaffen, einen Weg aus Ihrer Einsamkeit zu finden. Solange Ihnen das nicht gelingt, ist die Chance auf ein glückliches Zusammensein mit einem anderen Menschen sehr gering. Wenn Sie eine neue Beziehung eingehen, um Ihre Einsamkeit zu überwinden, geben Sie die Kontrolle über Ihr Leben automatisch an jemand anderen ab. Eine Beziehung, mit der man sich über eine Enttäuschung hinwegtröstet, ist nur selten erfolgreich, weil sie nämlich aus den falschen Gründen zustande kommt. Zudem beginnt sie zu einem Zeitpunkt, an dem unsere seelische und geistige Verfassung, gelinde gesagt, fragwürdig ist.

Das Alleinsein akzeptieren

Es ist möglich, mit dem Zustand des Alleinseins umgehen zu lernen. Vor allem kann dieser Zustand nicht nur akzeptabel, sondern sogar erstrebenswert sein. Wenn Sie das erkennen, werden Sie das Alleinsein nicht länger als Unglück betrachten, sondern mit Ihrer eigenen Gesellschaft zufrieden sein. Sobald Ihnen das gelingt, werden Sie erstaunt feststellen, dass andere Menschen sich zu Ihnen hingezogen fühlen. Sie werden das große Glück erleben, neue Freundschaften zu schließen, und Sie werden sich fragen, warum Sie es nicht vermochten, Menschen anzuziehen, als Sie am dringendsten jemanden gebraucht hätten. Doch letztlich werden Sie erkennen, welche negative Ausstrahlung Sie in Ihrer schwierigsten Phase hatten, was ja nicht weiter verwunderlich ist. Doch selbst die verständnisvollsten Menschen sind lieber mit Leuten zusammen, die positiv gestimmt sind.

Psychologische Hilfe in Anspruch nehmen

Scheuen Sie sich nicht davor, mit Ihren Freunden über Ihre Probleme zu sprechen, und lassen Sie sich von niemandem einreden, psychologische Hilfe bringe nichts. Vielleicht denken Sie, Ihr Fall sei nicht ernst genug, um einen Besuch bei einem Therapeuten oder bei einer psychologischen Beratungsstelle zu rechtfertigen. Aber Sie sollten diese Möglichkeit nicht von vornherein verwerfen. Bereits eine einzige Sitzung bei einem guten Therapeuten kann Ihren gesamten Ansatz, mit der Trennung umzugehen, verändern. Ein Therapeut kann Ihnen außerdem weitere Maßnahmen empfehlen, die Sie für sich ausprobieren könnten – zum Beispiel eine Gruppentherapie oder andere Formen der Lebenshilfe. Männer neigen leider dazu, solche Maßnahmen als Zeichen der Schwäche zu bewerten.

Das ist ein sehr bedauerliches Vorurteil, denn es erfordert im Gegenteil einigen Mut, sich auf so etwas einzulassen. In der Regel gehört eine große Portion Entschlossenheit dazu. Insofern ist ein solcher Schritt keinesfalls ein Zeichen von Schwäche. Durch die Teilnahme an Gesprächsgruppen haben sich mir persönlich nicht nur vielfältige neue Horizonte eröffnet, ich war dadurch auch in der Lage, anderen Menschen weiterzuhelfen.

Gute Freunde sind am wichtigsten

Gute Freunde sind die beste Therapie. Allerdings tragen auch sie meistens ihre eigenen emotionalen Probleme mit sich herum. Darüber sollten Sie sich im Klaren sein und nicht zu viel Zeit oder Aufmerksamkeit von ihnen erwarten. Ein wichtiges Element in einer Freundschaft ist die Fähigkeit, dem anderen zuzuhören und nicht nur von sich selbst zu erzählen. Achten Sie deshalb bei Gesprächen mit Freunden einmal darauf, ob ein gegenseitiger Austausch stattfindet.

Wenn Sie sich einem anderen Menschen vertrauensvoll öffnen, stellen Sie möglicherweise überrascht fest, dass auch er ein starkes Bedürfnis hat, sich Ihnen anzuvertrauen. Die meisten Menschen haben Probleme damit, und wahrscheinlich können Sie Ihren Freunden schon ungemein helfen, indem Sie ihnen nur aufmerksam zuhören. Darüber hinaus kann das Zuhören eine unglaubliche therapeutische Wirkung auf Sie haben.

Letztlich können wir erst dann eine stabile, reife Persönlichkeit entwickeln, wenn wir erkannt haben, dass es nichts mit anderen Menschen zu tun hat, wenn wir uns einsam fühlen. Wenn wir alleine sind und wenn das voraussichtlich noch eine Weile so bleiben wird, müssen wir lernen, das Alleinsein in eine positive Erfahrung zu verwandeln.

Es kann nämlich eine sehr produktive Zeit für uns sein, in der wir unseren Horizont in alle möglichen Richtungen erweitern. Es kann eine Phase der geistigen und spirituellen Entwicklung sein. Es könnte aber auch eine Zeit für alle möglichen kreativen Aktivitäten sein. Vor allem aber könnte und sollte es eine Zeit sein, in der wir neue Freundschaften knüpfen und pflegen.

Wir können die Zeit des Alleinseins somit in eine sehr produktive Zeit für uns verwandeln und dabei eine persönliche Unabhängigkeit und Stärke entwickeln, die wir nie für möglich gehalten hätten.

Diese persönliche Reife kann sogar zu einem Punkt führen, an dem Sie eine zukünftige Beziehung und einen möglichen Verlust Ihrer persönlichen Freiheit gegeneinander abwägen. Falls Sie sich für die Beziehung entscheiden, haben Sie wahrscheinlich bereits eine wunderbare, liebevolle Nähe zu Ihrer Partnerin entwickelt, die aller Voraussicht nach auch ein gewisses Maß an Unabhängigkeit erlaubt.

■ Kernpunkte

- Wenn das Gefühl der Einsamkeit Ihnen unerträglich erscheint, sollten Sie sich bewusst machen, dass es im Laufe der Zeit erträglicher wird.
- Haben Sie keine Angst vor der Zukunft und trauern Sie der Vergangenheit nicht hinterher – leben Sie in der Gegenwart!
- Vermeiden Sie Beziehungen, die Sie über eine Enttäuschung hinwegtrösten sollen.
- Scheuen Sie sich nicht davor, psychologische Hilfe in Anspruch zu nehmen.
- Nutzen Sie die Zeit des Alleinseins, um Ihre Kreativität zu entwickeln.

5 Wut

Zornig sein heißt, den Fehler anderer
An sich selbst zu rächen.

Alexander Pope

Eine Trennung geht häufig mit einem Gefühl der Verbitterung sowie gegenseitigen Schuldzuweisungen einher. Dass dies auch große Wut nach sich zieht, ist nichts Ungewöhnliches. Vor allem Männer, die sich abgelehnt und betrogen fühlen, reagieren oft mit heftigen Wutausbrüchen. Glücklicherweise beschränken sich diese Ausbrüche in den meisten Fällen auf verbale Attacken – nur sehr selten kommt es zu körperlicher Gewaltanwendung. Und häufig bereut der Partner im Nachhinein, dass er so ausfallend geworden ist.

Manchmal allerdings staut sich die Wut des Mannes immer mehr auf und richtet sich dann in beängstigender Weise gegen die Expartnerin. Das ist dann am ehesten der Fall, wenn die Frau einen neuen Partner hat. Die Eifersucht ist eine starke Emotion und kann selbst bei einem normalerweise sanftmütigen Mann sehr primitive Reaktionen auslösen.

Ich erinnere mich in diesem Zusammenhang an eine besonders unangenehme Situation meiner Nachbarin. Als ihr Exmann aus dem Gefängnis entlassen wurde, trieb er sich immer wieder in der Nähe ihres Hauses herum. Zwar versuchte er nicht, ins Haus hineinzugelangen, rief aber oft von einer nahegelegenen Telefonzelle an und drohte der Frau damit, das Haus anzuzünden, die Kinder zu entführen und ihren neuen Partner umzubringen. Er war ein gewaltbereiter Mann, machte seine Drohungen zum Glück aber nie wahr. Doch der Psychoterror war für seine Exfrau schier unerträglich. Damals konnte sie noch nichts gegen die Drohgebärden ihres Exmannes unternehmen. Mittlerweile gibt es ein Gesetz, um Menschen vor solchen Belästigungen zu schützen.

Ein guter Freund von mir hat mir erzählt, dass er einmal nahe dran war, gewalttätig zu werden, nachdem er eine besonders unschöne Trennung von seiner Frau, mit der er lange verheiratet gewesen war, durchgemacht hatte. Seine Wut richtete sich vor allem gegen den neuen Partner seiner Exfrau, den er nicht ausstehen konnte. Ich kannte diesen Mann auch und teilte die Meinung meines Freundes.

»Erst später ist mir klar geworden, dass ich fast ununterbrochen wütend war«, erzählte er mir. »Meine Wut richtete sich nicht nur gegen meine Exfrau und ihren neuen Partner. Ich ließ sie in einem gewissen Maß auch an Freunden und Kollegen aus. Eines Tages tat ein mutiger Kollege das einzig Richtige und stellte mich wegen meiner Wutausbrüche zur Rede. Daraufhin suchte ich eine Psychologin auf. Sie hat mir enorm geholfen, meine negative Einstellung zu verändern.«

Wenn aus Wut Gewalt wird

Manchmal gerät die Wut so stark außer Kontrolle, dass sie zu körperlicher Gewalt und sogar zu Mord führt. Nur zu häufig lesen wir von solchen Fällen und fragen uns, wie es zu einer derartigen Brutalität bei Männern (und gelegentlich auch bei Frauen) kommen konnte. Andererseits kann wahrscheinlich jeder Mann, der eine leidvolle und ungute Trennung durchgemacht hat, einige Beweggründe verstehen, die am Ende zu einer Wahnsinnstat führen. In den meisten Fällen ist es eine Art Unzurechnungsfähigkeit, die solch extremes Verhalten hervorruft.

Sobald die Wut stärker ist als die Vernunft, kann es zu einer Katastrophe kommen. Wenn Sie merken, dass Ihre Wut unkontrollierbar wird und wenn Sie Angst vor den möglichen Folgen Ihrer Wut haben, sollten Sie sich unbedingt professionelle Hilfe suchen, bevor es zu spät und eine Katastrophe unabwendbar ist.

Die Wut in den Griff bekommen

Suchen Sie zunächst am besten Ihren Hausarzt auf. Dieser wird Sie dann voraussichtlich an einen geeigneten Therapeuten überweisen oder Ihnen eine gute Beratungsstelle empfehlen.

Schieben Sie diesen Schritt vor allem nicht auf die lange Bank – nicht nur, weil Sie sich dann möglicherweise irgendwann nicht mehr kontrollieren können, sondern auch, weil die Wut Sie krank macht. Die Wut ist eine Zeitbombe, die zum Tod eines Menschen führen kann, wenn sie nicht abgebaut wird. Und dieser Mensch können auch Sie selbst sein. Viele Experten sind der Ansicht, dass Wut die Hauptursache von Krankheiten wie zum Beispiel Krebs ist.

Es gibt viele Bücher zum Thema Wut. Manche enthalten großartige Ratschläge, wie man mit seiner Wut umgehen und sie kontrollieren kann. Gute Ratgeber helfen Ihnen vielleicht dabei, Ihre Emotionen in den Griff zu bekommen, bevor Ihre Wut außer Kontrolle gerät.

Sie sollten sich bewusst machen, dass Wut ein normales und sogar gesundes Gefühl ist. Es ist nur allzu menschlich, nach einer Trennung Wut zu empfinden. Gewalt ist dagegen eine inakzeptable Folge außer Kontrolle geratener Wut. Sollten Sie auch nur die geringste Befürchtung haben, sich möglicherweise nicht kontrollieren zu können und gewalttätig zu werden, sollten Sie sich umgehend professionelle Hilfe suchen.

Das Paradoxe an der Wut ist, dass sie der wütenden Person größeren Schaden zufügt als dem Menschen, gegen den sie sich richtet. Häufig weiß dieser überhaupt nichts von der Wut des anderen. Erst wenn es tatsächlich zu einer Konfrontation kommt, werden das ganze Ausmaß und die Wucht der Emotion erkennbar. An diesem Punkt ist größte Vorsicht geboten, denn es kann dann zu einem nicht wiedergutzumachenden Schaden kommen.

Es ist nicht einfach, seine eigene Wut abzubauen. Dieses Gefühl ist eng mit dem innersten Kern unseres Egos verknüpft und lässt sich daher nur schwer abschütteln. Es handelt sich um ein primitives Gefühl, das mit unserem Überlebenstrieb zu tun hat. Wenn wir uns im Zuge einer Trennung abgelehnt und betrogen fühlen, hat die Wut eine gewisse Berechtigung. Ein Bekannter von mir sagte einmal Folgendes über seine Exfrau: »Ich hasse sie nicht. Wie könnte ich das? Ich möchte nur, dass sie genauso viel leidet wie ich. Sie treibt mich dazu, mich auf eine Weise zu verhalten, die mir überhaupt nicht entspricht. Das kann ich ihr nicht verzeihen. Ich möchte nicht so wütend sein – das ist nicht mehr normal.«

Gegenmaßnahmen

Wir müssen unsere Wut loswerden, um die schwierige Situation nach einer Trennung zu überstehen und ein relativ friedliches Leben zu führen. Körperliche Aktivität ist ein gutes Mittel gegen die Wut, vor allem ein Sport, der geeignet ist, Aggressionen abzubauen. Ein Bekannter von mir murmelt einen bestimmten Frauennamen, während er beim Tennis mit voller Wucht aufschlägt. Wenn er sich nach einigen Sätzen dann völlig verausgabt hat, kann er seine Expartnerin fast schon wieder gut leiden.

Mir selbst hat am meisten die folgende Methode geholfen, die mein Therapeut mir einmal vorgeschlagen hat: Ich sollte einen Brief an die Person schreiben, auf die ich wütend war, und zwar auf eine absolut schonungslose, ehrliche Weise. In diesem Brief sollte ich meine Gefühle ihr gegenüber ganz genau beschreiben. Ich schrieb am Ende einige Briefe, die ich zum Teil wie literarische Texte verfasste, was mir ein zusätzliches Gefühl der Befriedigung verschaffte. Nicht auszudenken, was passiert wäre, wenn ich sie tatsächlich abgeschickt hätte. Doch so taten sie niemandem weh und halfen mir, meine Wut zu einem großen Teil abzubauen. Ich konnte förmlich spüren, wie sich der Zorn mit dem Rauch in Luft auflöste, als ich die Briefe in einem feierlichen Ritual verbrannte. Vielleicht funktioniert es bei Ihnen nicht so gut, aber Sie sollten es zumindest ausprobieren. Mir hat es unglaublich geholfen.

Einmal bat mich eine Freundin darum, mich als Stellvertreter für ihren Mann einsetzen zu dürfen, gegen den sie ihre Wut ablassen wollte. Ich tat ihr den Gefallen. Es war unheimlich zu beobachten, wie sich ihr gesamtes Verhalten veränderte, als sie sich immer mehr in Rage redete und mich (ihn) auf eine sehr emotionale Weise immer heftiger verbal auseinandernahm. Mir war dieser Prozess äußerst unangenehm. Aber, wie sie mir im Nachhinein berichtete, hat es ihr unglaublich gutgetan, die Gefühle herauszulassen, die sie seit langer Zeit unterdrückt hatte. Wenn Sie jemanden kennen, der diese Übung mit Ihnen machen könnte, ohne dass Ihnen unwohl dabei ist, kann ich Ihnen diese Prozedur nur empfehlen.

Aber vielleicht fällt es Ihnen leichter, die Übung mit einem leeren Stuhl durchzuführen.

Die eigene Wut in den Griff zu bekommen, ist keine edle Heldentat, so als würde man quasi die andere Wange hinhalten. Die Wut ist eine potenziell tödliche Emotion, daher ist es allein schon aus Selbsterhaltungsgründen wichtig, sie abzubauen. Gerät die Wut außer Kontrolle, kann sie uns dauerhaft krank machen – oder zu unvorhersehbaren Gewaltakten führen.

■ Kernpunkte

- Wut ist eine ganz natürliche Reaktion, wenn man sich abgelehnt fühlt oder betrogen wird.
- Suchen Sie sich umgehend professionelle Hilfe, falls Sie das Gefühl haben, Ihre Wut könnte Sie dazu treiben, Gewalt anzuwenden.
- Wut kann gefährlich werden, aber meistens ist sie kontrollierbar.
- Wut lässt sich häufig durch körperliche Aktivitäten abbauen.
- Schreiben Sie wütende Briefe an Ihre Ex-Partnerin – und verbrennen Sie die Briefe dann!

6 Gewalt

Denn die Ehe ist wie das Leben –
Sie ist ein Schlachtfeld und kein Rosenbett.
Robert Louis Stevenson

In der Mehrzahl der Fälle geht eine Trennung mit großen emotionalen Spannungen einher. Selbst wenn die Partner sich im gegenseitigen Einvernehmen trennen, reagieren sie in gewissen Punkten verbittert oder wütend. Manchmal kommt es vor, dass sie sich über die wesentlichen Dinge einig sind, dass aber Nichtigkeiten in Auseinandersetzungen, Vorwürfen und schlimmstenfalls sogar in Gewalt enden.

Gewaltausübung wird generell eher Männern zugeschrieben, und die meisten Medienberichte scheinen wahrhaftig zu belegen, dass Männer in dieser Hinsicht die schlimmsten Missetäter sind. Manche Männer greifen tatsächlich zu Gewalt als letztem Mittel, wenn sie sich in die Enge getrieben fühlen. Generell lässt sich wohl sagen, dass Frauen bei verbalen Auseinandersetzungen insgesamt versierter sind als Männer. Bei einer Trennung kommt es sehr häufig zu solchen Auseinandersetzungen, sodass manche Männer sich zu Handlungen getrieben fühlen, die ihnen eigentlich nicht entsprechen. Und manche Frauen setzen ihre verbale Überlegenheit extrem provozierend ein und reizen ihren Partner damit noch stärker.

Sexualität – seine Achillesferse

Männer reagieren sehr empfindlich auf unfaire Sticheleien oder Vorwürfe. Besonders heftig treffen sie Angriffe, die auf ihre Männlichkeit abzielen. Es ist verblüffend, wie viele

Männer ich kenne, die zutiefst von dem Vorwurf verletzt wurden, schlecht im Bett zu sein. Eine Frau, die weiß, was für eine verwundbare Achillesferse die männliche Sexualität ist, kann ihrem Partner dauerhaft schmerzvolle Wunden zufügen und sollte sich nicht wundern, wenn er völlig unverhältnismäßig auf eine solche gezielte Attacke reagiert. Es lässt sich unmöglich vorhersagen, wie stark unsere Emotionen werden können und ob sie uns an den Rand der Gewalt treiben.

Auch die Eifersucht kann extreme Reaktionen hervorrufen. Ich kenne Männer, die absolut ausgeglichen und besonnen wirken, mir aber gestanden haben, dass die Eifersucht sie an den Rand der Gewalt getrieben hat. In diesen Fällen können beide Partner von Glück sagen, dass irgendein Anstandsgefühl (oder vielleicht auch die Angst vor den Konsequenzen) die Oberhand gewann und einen gefährlichen, möglicherweise sogar tödlichen Verlust der Selbstkontrolle verhinderte. Auch bei Eifersucht spielt die Sexualität des Mannes eine Rolle und es wird deutlich, dass dieser sehr elementare Trieb eine gewaltige Kraft entwickeln kann, wenn er angegriffen wird.

Alkohol – ein gefährlicher Katalysator

In Situationen, in denen es potenziell zu gewalttätigen Übergriffen kommen kann, ist Alkohol ein gefährlicher Katalysator. Wie oft lesen wir in der Zeitung von körperlichen Attacken oder Totschlägen, bei denen Alkohol im Spiel war! Bisweilen beginnt es harmlos: Männer trinken sich mit ein paar Drinks »Mut« an, bevor sie mit ihrer Partnerin über die Trennung diskutieren. So gut man das auch verstehen kann – genau das kann der Auslöser für eine ungewollte körperliche Auseinandersetzung sein. In einer Situation, in der es potenziell zu Gewalt kommen kann, sollten Sie dem Alkohol unbedingt fernbleiben und dafür sorgen, dass eine unbeteiligte dritte Person anwesend ist, die Sie gegebenenfalls bremst, wenn die Dinge aus dem Ruder zu laufen drohen.

Natürlich wird Gewalt nicht nur von Männern ausgeübt. Frauen können ebenso gewalttätig werden. Es gibt viele Fälle, in denen Frauen ihren Partner körperlich verletzt haben. Auch hier waren fast immer sexuelle Gründe das Motiv für die Tat. In einer dramatischen Szene des beeindruckenden japanischen Films ›Die Geschichte der Abe Sada‹ schneidet die Protagonistin ihrem Liebhaber die Genitalien mit einem Küchenmesser ab. Die Symbolik dieses Aktes ist so stark, dass die Frage nach der Glaubwürdigkeit eigentlich zweitrangig ist. Zwar sind Männer körperlich in der Regel stärker als Frauen und daher theoretisch in der Lage, sich erfolgreich zu wehren, doch in einer Situation, in der die Frau als Einzige bewaffnet ist, gelingt das nicht. Männer müssen übrigens auch im Falle der Selbstverteidigung darauf achten, keine zu große Gewalt anzuwenden, da sie die Frau dadurch ernsthaft verletzen können und sich deshalb vor Gericht verantworten müssen.

Zur größten Tragödie kommt es, wenn ein Mann in blinder Wut die Kontrolle verliert und gewalttätig wird. Ein Bekannter von mir wurde von seiner Frau als Versager verspottet und litt so stark unter dieser Erniedrigung, dass er impotent wurde. Eines Tages kreuzte er unangemeldet in seinem ehemaligen Zuhause auf und überraschte seine Frau im Bett mit einem anderen Mann. In diesem Moment brannten bei dem Exmann alle Sicherungen durch. Er warf sich auf den Liebhaber und drohte damit, ihn umzubringen. Als seine Frau dazwischengehen wollte, stieß er sie so grob von sich fort, dass sie quer durch den Raum geschleudert wurde, sich dabei den Arm brach und zahlreiche blaue Flecke und Abschürfungen davontrug. Dem Liebhaber gelang es in dem Durcheinander, die Flucht zu ergreifen. Der Exmann rief daraufhin einen Krankenwagen und begleitete seine Frau ins Krankenhaus. Durch eine seltsame Wendung des Schicksals brachte dieser Zwischenfall das Paar wieder für eine Weile zusammen. Alle Beteiligten konnten von Glück sagen, dass nichts Schlimmeres passiert war. Doch der Exmann konnte sich seinen Kontrollverlust nie verzeihen, der zu diesem – in seinen Augen – primitiven Akt der Gewalt geführt hatte.

Es ist leicht, Männer zu verurteilen, die nach einer Trennung gewalttätig geworden sind. Allerdings sollte man bedenken, dass die meisten Männer, die etwas für ihre Partnerin empfinden, bei einer Trennung einen Schmerz und eine Wut verspüren, die sie möglicherweise noch nie zuvor erlebt haben. Es lässt sich unmöglich vorhersagen, wie stark diese Emotionen in einer solchen Situation sein werden und ob sie einen Mann an den Rand der Gewalt treiben. Doch jeder, der das Gefühl hat, die Kontrolle über seine Emotionen so weit zu verlieren, dass er sogar Gewalt anwenden würde, sollte umgehend eine psychologische Beratungsstelle aufsuchen. Diese Entscheidung sollte man keinesfalls vor sich herschieben, da man sich sonst möglicherweise zu etwas hinreißen lässt, das nie mehr rückgängig gemacht werden kann.

■ **Kernpunkte**

- Männer werden durch ihre Wut manchmal zu extremer Gewalt getrieben.
- Auch Frauen können gewalttätig sein und Männer bis zur Weißglut reizen.
- Männer reagieren sehr empfindlich auf Sticheleien bezüglich ihrer Potenz.
- Die Neigung zur Gewalt kann durch Alkohol verstärkt werden.
- Um Schlimmeres zu vermeiden, sollten Männer, die einen Kontrollverlust befürchten, sich rechtzeitig professionelle Hilfe suchen.

7 Vorwürfe

Und das Beste und Schlimmste daran ist,
Dass keinen eine größere Schuld traf,
Wenn du meine Küsse vergaßest
Und ich deinen Namen vergaß.

A. C. Swinburne

Vor einiger Zeit nahm ich an einem Seminar für Dramenaufbau teil, wo ich unter anderem erfuhr, wie wesentlich Konflikte für ein gutes Theaterstück sind. Das mag zwar für ein Drama gelten, aber in einer gescheiterten Beziehung sind Konflikte ein sehr schmerzlicher Aspekt des Trennungsprozesses, der in der Tat gewisse theatralische Elemente enthält. Verfügen beide Partner noch über einen Schuss Humor, kann die ganze Sache gelegentlich sogar komische Züge annehmen. Aber in der Regel führen Konflikte und Schuldzuweisungen zu heftigen dramatischen oder gar tragischen Szenen.

Eine Trennung beinhaltet fast zwangsläufig gegenseitige Vorwürfe. Vielleicht sind Schuldzuweisungen auch ein wesentlicher Grund für das Scheitern von Partnerschaften. Jedenfalls können sie einer Beziehung irreparable Schäden zufügen und bei den Beteiligten unsäglichen Kummer verursachen.

Wenn Liebende zu Feinden werden

Es ist ein seltsames und trauriges Phänomen, dass Menschen, die sich einst geliebt haben, einen Punkt erreichen können, an dem ihnen jegliche gemeinsame Basis verloren gegangen ist und sie so desillusioniert sind, dass sie nur noch aggressiv und feindselig auf den anderen reagieren. Wenn sie die Bühne für einen hitzigen verbalen Schlagabtausch betreten, übernehmen die Partner ironischerweise genau die Rolle, die der andere ihnen zuvor quasi »auf den Leib geschrieben« hat. Zwei sonst eigentlich sympathische und besonnene Menschen stülpen sich die Maske des Bösewichts über und agieren in ihr mit wilder Intensität.

Nach kurzer Zeit fragt er sich, was mit der zärtlichen, liebevollen Frau passiert ist, die er einst geheiratet hat. Und sie beklagt zweifellos den Verlust des fürsorglichen, einfühlsamen Partners, der sich nun in ein widerliches Scheusal verwandelt hat.

Eines ist sicher: Beide Partner gehen bei einem Schlagabtausch mit gegenseitigen Vorwürfen als Verlierer hervor. Und wenn Kinder involviert sind, sind sie die noch größeren Verlierer.

Wenn wir nicht davon ablassen können, uns gegenseitig Vorwürfe zu machen, dauert es nicht lange, bis die Situation Züge einer griechischen Tragödie annimmt. Wir sollten uns stattdessen lieber fragen, wann das Ganze angefangen hat. Hatte der andere von Anfang an viele Fehler, und erkennen wir dies erst jetzt, im Zuge der Trennung? Oder sind wir eigentlich alle beide grundsätzlich ganz in Ordnung und verhalten uns lediglich aufgrund der Belastungen in der Trennungssituation so irrational?

In der Regel ist Letzteres der Fall. Daher ist es auch möglich, das Gemetzel aus gegenseitigen Vorwürfen unter Kontrolle zu bekommen. Allerdings müssen wir, um unseren Ärger herunterzukühlen, uns einige Dinge bewusst vor Augen halten. Wir sollten uns klarmachen, dass Vorwürfe gegenüber unserer Partnerin meistens durch eigene Schuldgefühle hervorgerufen werden. In der Regel fühlen sich beide Partner ein wenig an der Trennung schuld, selbst wenn einer die Hauptverantwortung dafür trägt. Daher projizieren die Partner ihre eigene Schuld jeweils auf den anderen, und ihre Vorwürfe basieren auf dem Gefühl, selbst versagt zu haben. Gelingt es ihnen, mit den Vorwürfen aufzuhören und eine etwas selbstkritischere Haltung einzunehmen, können sie sich eventuell auch unfaire Schuldzuweisungen sparen, die die Situation nur noch mehr aufheizen.

Den Zorn des anderen an sich abprallen lassen

Versuchen Sie, sich bei schwierigen Gesprächen nicht provozieren zu lassen, und wenden Sie eine defensive Taktik an. Dadurch vermeiden Sie Eskalationen. Damit will ich aber nicht sagen, dass Sie die andere Wange hinhalten sollen. Es bedeutet vielmehr, den Zorn des anderen zu ihm zurückzuleiten. Lesen Sie dazu den folgenden imaginären Dialog:

Sie: Dein Problem ist, dass du der Einzige bist, der dir wichtig ist. Alle anderen sind dir egal.
Er: Wenn das wahr wäre, hätte ich dich schon vor Jahren verlassen.
Sie: Dazu hättest du nicht den Mumm gehabt. Ohne meine Unterstützung wärst du völlig aufgeschmissen gewesen.
Er: Welche Unterstützung? Was ich von dir bekomme, kann man so ziemlich vergessen.
Sie: Ohne meine Hilfe wärst du schon längst ein hoffnungsloser Alkoholiker.

In diesem Ton geht es dann weiter. Die Auseinandersetzung wird immer verbitterter und irrationaler, bis beide Seiten schließlich vor lauter Wut explodieren und es womöglich sogar zu Gewalt kommt.

Ein konstruktiveres Szenario könnte dagegen folgendermaßen aussehen:

Sie: Dein Problem ist, dass du der Einzige bist, der dir wichtig ist. Alle anderen sind dir egal.

Er: Das klingt etwas unfair. Es tut mir leid, dass du das so empfindest.

Sie: In der letzten Zeit hatte ich das Gefühl, dass wir dir überhaupt nicht mehr wichtig sind.

Er: Ihr seid mir sehr wichtig. Ich stand nur unter einem riesigen Druck. Aber vielleicht habe ich dir nicht genug darüber erzählt.

Sie: Warum sprichst du denn nicht mit mir darüber? Wenn es um deine Arbeit geht, behältst du fast alles für dich.

Er: Ich hatte immer den Eindruck, dass es dich langweilt, wenn ich von der Arbeit erzähle. Außerdem bist du nicht dafür verantwortlich, meine geschäftlichen Probleme zu lösen.

Sie: Ich hätte dir gerne geholfen, aber du hast mich nie darum gebeten.

Wenn man dem anderen gegenüber seine Gefühle zugibt, verpufft ein großer Teil der Wut. Die Vorwürfe eskalieren dann nicht zu einem hitzigen Schlagabtausch. Beide Partner bedauern es vielmehr, nicht anständig mit dem anderen kommuniziert zu haben. Möglicherweise findet man für den zugrunde liegenden Konflikt keine Lösung, aber wenn man sich defensiv verhält, kann man zumindest ein relativ zivilisiertes Gesprächsniveau aufrechterhalten.

Ein echter Scharfmacher bei jedem vorwurfsvollen Hickhack ist die arrogante Art, die eher charakteristisch für Männer ist. Nur allzu leicht werden wir bei einer derartigen Auseinandersetzung überheblich und gehen herablassend mit unserer Partnerin um. Ganz nach dem Motto: Männer sind phlegmatisch und Frauen hysterisch – das wissen wir doch alle. Daher spielen wir unsere archetypische Rolle und markieren den starken, ruhigen Mann; wir sind der

Fels in der stürmischen Brandung, der allen Vorwürfen trotzt.

Sollten Sie tatsächlich glauben, dass dies die richtige Haltung ist, kann man es keiner Frau verdenken, wenn sie am liebsten einen Stuhl auf Ihrem arroganten Schädel zertrümmern würde. Selbst bei einer Auseinandersetzung ist es unabdingbar, sich als gleichwertige Partner zu behandeln, dem anderen mit Respekt zu begegnen und ihm die eigenen Gefühle offen zu zeigen. Nur so können wir es vermeiden, den anderen mit unseren Vorwürfen tief zu verletzen.

Wenn der Konflikt einen kritischen Höhepunkt erreicht, kann eine professionelle Beratung erforderlich sein. Häufig ist in einem solchen Fall eine Mediation angezeigt. Dieser Weg ist viel empfehlenswerter, als darauf zu warten, dass sich die Fronten immer mehr verhärten. Denn dann gehen die Anwälte als einzige Gewinner aus der Auseinandersetzung hervor. Die einstigen Partner aber haben noch lange mit einem Gefühl der Verbitterung zu kämpfen.

Es ist nicht leicht, Wortgefechte voller Vorwürfe zu umgehen. Aber dies zu versuchen, ist der vernünftigste Weg, um einen offenen Kampf, der meistens darauf folgt, zu vermeiden.

■ Kernpunkte

- Ein mit Vorwürfen gespickter Schlagabtausch kann beide Partner sowie beteiligte Kinder auf eine nicht wiedergutzumachende Weise verletzen.
- Sie können die Wut des anderen verpuffen lassen, indem Sie einsichtig reagieren und Ihre Gefühle offen zeigen.
- Vermeiden Sie herablassende Bemerkungen.

8 Freunde

Den Freund, der dein und dessen Wahl erprobt,
Mit ehrnen Haken klammr' ihn an dein Herz.

William Shakespeare

Eine Trennung hat auch Auswirkungen auf Ihren Freundeskreis. Erwarten Sie nicht zu viel von Ihren Freunden, vor allem nicht in der frühen Phase Ihres neuen Single-Daseins. Möglicherweise verändert sich Ihre Beziehung zu manchen Freunden. Akzeptieren Sie es, wenn manche nicht so gut mit der neuen Situation umgehen können.

Verschiedene Faktoren können Ihre Freunde manchmal zu einem etwas befremdlichen Verhalten veranlassen. Zum Beispiel ihr Bestreben, keinen der beiden Partner zu verurteilen. Sie haben zweifellos Kenntnis, warum es zum Bruch gekommen ist, und wissen, wer Schuld hat (oder zumindest, wen die meiste Schuld trifft). Aber Ihre Freunde sind verunsichert, wie Sie sich Ihnen gegenüber nun verhalten sollen. Ich erinnere mich in diesem Zusammenhang an Gespräche mit meiner Partnerin über die Trennungsgründe bei anderen Paaren. Wir waren selten einer Meinung.

»Aber sie ist streitsüchtig.« – »Dafür ist er total unverschämt.« – »Aber sie ist sehr egoistisch.« – »Und er ist gemein.« Und so ging es immer weiter. Häufig ist es für Freunde am einfachsten, den Kontakt zu beiden Partnern für eine Weile zu vermeiden – in der Hoffnung, dass sie sich vielleicht wieder versöhnen. Keinesfalls wollen sie für eine Seite Partei ergreifen, daher halten sie sich häufig erst einmal aus allem heraus.

Wo sind all unsere guten Freunde?

Während einer Phase meines Single-Daseins war ich einmal sehr niedergeschmettert, weil ich mich von allen Freunden verlassen fühlte. Ich glaubte, sie hätten sich alle auf die Seite meiner Frau geschlagen. Doch als ich eines Tages mit ihr zum Essen ging, stellte sich heraus, dass auch sie keinen Kontakt zu unseren Freunden hatte. Es gab allerdings eine Ausnahme, und ich bewunderte diese gemeinsame Freundin, da sie die Freundschaft zu uns beiden aufrechterhielt, ohne im Mindesten parteiisch zu sein. Ein Bekannter von mir hatte dagegen, was seine Freunde betraf, nach der Trennung von seiner Partnerin gewisse Bedenken: Er befürchtete, sie könnten zu einem »Maulwurf« werden und seiner Ex regelmäßig von seinen Aktivitäten berichten.

Roger und ich trafen uns per Zufall zu einer Zeit, als wir beide unfreiwillig wieder Singles geworden waren. Wir waren beide überrascht, als wir über unsere Erfahrungen sprachen und dabei feststellten, dass die meisten unserer alten Freunde abgetaucht waren. »Als wir uns trennten, dachte ich, es würde Freunde auf beiden Seiten geben. Doch dann erzählte meine Exfrau mir, dass nur einer ihrer alten Freunde mit ihr in Verbindung geblieben war. Ich machte genau die gleiche Erfahrung, und ich klammerte mich an diese eine Freundschaft wie ein Ertrinkender an einen Strohhalm. Wir treffen uns immer noch regelmäßig, und ich weiß es sehr zu schätzen, dass dieser Freund ein so guter Zuhörer ist.

Sogar für Freunde, die auf Ihrer Seite sind, gibt es Grenzen der Loyalität. Daher sollten Sie sich bewusst machen, wie weit die Freundschaft geht. Vor vielen Jahren ging meine Expartnerin eine neue Beziehung ein und stellte ihren neuen Freund einem befreundeten Paar vor. Die beiden bemühten sich sehr, ihm unvoreingenommen zu begegnen. Doch der Ehemann berichtete mir eines Tages, wie unsympathisch er und seine Frau den Neuen fanden.

Er war ihrer Meinung nach äußerst ungebildet und hatte außerdem schlechte Manieren. Es war der letzte Kontakt dieses Paares zu mir und meiner früheren Frau. Zum Teil lag es sicher daran, dass ich mich dazu hatte verleiten lassen, den Neuen zu verteidigen, da ich ihn sehr sympathisch fand. Wir hatten die Loyalität des mit uns befreundeten Paares, die durch unsere Trennung ohnehin schon einer großen Belastung ausgesetzt war, nun über die Maßen strapaziert.

Die Bedrohung durch den Single-Mann

Auch die Angst vor Konkurrenz spielt – jetzt, da Sie ein Single sind – eine Rolle in den Beziehungen zu Ihren alten Freunden. Es ist zwar in der Regel ein größeres Problem für Single-Frauen, aber auch Single-Männer können diese Erfahrung machen.

Manche Männer könnten sich bedroht fühlen, wenn Sie – ganz ohne Hintergedanken – regelmäßig Kontakt zu deren Familie haben. In manchen Fällen sind ihre Vorbehalte sogar berechtigt, da eine gelangweilte Partnerin durchaus romantische Vorstellungen bezüglich eines Single-Mannes, der häufiger zu Besuch ist, entwickeln könnte. Und oft ist es nur ein kleiner Schritt von einer engen Freundschaft zu etwas Verfänglicherem. Gerade wenn eine – verheiratete – Freundin großes Verständnis für Ihre Situation hat, sollten Sie besonders darauf achten, eine platonische Beziehung aufrechtzuerhalten. Das Letzte, was Sie (oder irgendjemand sonst) brauchen kann, ist eine endlose Dreiecksbeziehung mit all ihren Verstrickungen und unschönen Konsequenzen.

Aber vielleicht haben Sie auch Freunde, die viele Single-Frauen kennen und versuchen, Sie mit ihnen zu verkuppeln. Ich war in einer bestimmten Lebensphase relativ häufig in dieser Situation und erlebte daher einige ziemlich anstrengende Abende. Allerdings kam ich auf diese Weise auch in den Genuss einiger großartiger Einladungen zum Essen und angenehmer Gesellschaft.

Ein Abend ist mir in unvergesslicher Erinnerung. Mir wurde zum Essen ein Platz neben einer sehr schönen und eleganten Frau zugewiesen. Es war offensichtlich, dass die Gastgeber uns miteinander verkuppeln wollten. Die Frau war intelligent, charmant und in jeder Hinsicht sehr begehrenswert. Aber zum Glück klärte sie mich sehr schnell über ihre feste Partnerschaft auf – sie war mit einer Bekannten von mir zusammen. Ich war ihr sehr dankbar für ihre Offenheit, denn so konnten wir beide den Abend genießen, ohne darüber zu spekulieren, wie er wohl enden würde.

In einem solchen Rahmen lernte ich aber auch eine tolle Frau kennen, mit der ich eine lange Liebesbeziehung hatte. Unsere Gastgeberin hatte eine gute Intuition und erzählte mir im Nachhinein, dass sie lange gezögert hatte, bevor sie uns miteinander bekannt machte. Sie wollte eigentlich nicht verantwortlich dafür sein, zwei ihrer besten Freunde zusammenzubringen. Sie befürchtete nämlich, dass die Beziehung irgendwann schiefgehen könnte und wir ihr dann Vorwürfe machen würden.

Sich ein neues Netzwerk aufbauen

Einladungen zum Abendessen sind meistens etwas förmlich und die Pläne kuppelnder Gastgeber für jeden allzu offensichtlich. Weniger förmliche Anlässe sind meistens viel geeigneter, jemanden kennenzulernen, besonders wenn die Gäste herumlaufen können und mehrere Singles anwesend sind. Eine Grillparty ist gar nicht schlecht dazu geeignet.

Es heißt zwar, alte Freunde seien die besten, aber als Single müssen Sie sich unter Umständen fragen, ob all Ihre Freundschaften halten werden. Sie sollten sich in jedem Fall ein neues Netzwerk von Freunden aufbauen, die Sie in Ihrer neuen Lebenssituation unterstützen. Natürlich werden sich nicht all Ihre alten Freundschaften auflösen, aber es ist ein natürlicher Prozess, dass Sie zu neuen Ufern aufbrechen und Unterstützung bei Menschen suchen, die Ihre Bedürfnisse verstehen und für die auch Sie eine Stütze sein können. Wenn sich Ihre Situation verändert, wird sich wahrscheinlich auch die Zusammensetzung Ihres Freundeskreises verändern.

Sobald Sie eine neue Beziehung eingehen, werden Sie feststellen, dass die Beziehung zu vielen Ihrer Freunde sich erneut verändert. Seien Sie offen für neue Menschen in Ihrem Leben. Es kann eine inspirierende Erfahrung sein, und es wird Ihr persönliches Wachstum enorm fördern.

■ Kernpunkte

- Manche Ihrer Freunde können nicht gleichzeitig Ihnen und Ihrer Expartnerin gegenüber loyal sein.
- Als Single könnten Sie als Bedrohung für die Ehen anderer Menschen angesehen werden.
- Das Alleinsein ist ein guter Grund und eine Chance, neue Freundschaften zu knüpfen.

9 Überleben

Ach, die Liebe der Frauen!
Jeder weiß, wie schön und furchtbar sie ist.
Lord Byron

Wir sind in unserer Kindheit alle von Frauen geprägt worden. Für die meisten Männer ist das frühe Umfeld eindeutig matriarchal, und der weibliche Einfluss setzt sich bis ins Erwachsenenalter fort. Die meisten von uns erleben die ersten innigen Momente des Gefühls an der Brust der Mutter. Von wenigen Ausnahmen abgesehen haben unsere Mütter, vielleicht auch die Tanten und Großmütter, in den prägenden Jahren den beständigsten und stärksten Einfluss. Es ist daher nicht überraschend, dass die meisten Männer von Frauen abhängig sind.

Wie man sich aus der Abhängigkeit von Frauen befreit

Für sehr viele Männer bedeutet der Übergang von der Jugend zum Erwachsensein nur einen Wechsel der weiblichen Betreuung. Wer jung heiratet oder bereits sehr früh mit einer Frau zusammenlebt, der akzeptiert diesen weiblichen Einfluss genauso wie den der Mutter. Manche Männer gehen von einem weiblichen Umfeld direkt in ein anderes, ohne eine Periode des Single-Daseins dazwischen. Auch die, die alleine leben, haben oft eine enge Verbindung zur Mutter oder einer anderen vertrauten weiblichen Person.

Inzwischen hat sich zwar vieles geändert, aber meiner Meinung nach sind die meisten Männer nach wie vor emotional wie auch praktisch schlecht darauf vorbereitet, nach einer Trennung alleine zu leben. Sie haben sich nie die Fähigkeiten angeeignet, die sie brauchen, um auch ohne

Partnerin ein angenehmes Leben zu führen. Aber zum Lernen ist es nie zu spät, und man muss etwas lernen, damit das Single-Leben erträglich wird.

Ein paar Grundkenntnisse beim Kochen sind zum Beispiel notwendig. Auch wenn man nie gekocht hat, ist es jetzt an der Zeit, zumindest bescheidene kulinarische Freuden für sich zu entdecken. Wenn Geld kein Thema ist, kann man natürlich auch ständig essen gehen. Ich meine aber, es schadet nicht, ein paar Gerichte zubereiten zu können, und seien es auch nur welche von der Sorte »idiotensicher«. Es ist jedenfalls sehr befriedigend, Gäste einzuladen und zu sehen, wie gut ihnen das Essen schmeckt. Besonders weibliche Gäste, die einem das eher nicht zugetraut haben.

Wie man lernt, Gefühle zu teilen

Abgesehen von solchen praktischen Dingen haben Männer aber offensichtlich ein ganz anderes fundamentales Problem: die Unfähigkeit nämlich, mit den eigenen Gefühlen so umzugehen, wie es die meisten Frauen offenbar problemlos können. Frauen sind in der Regel dazu in der Lage, ihre Gefühle anderen Frauen oder auch männlichen Freunden mitzuteilen und dadurch zu teilen. Abgesehen von ein paar Ausnahmen tun die meisten Männer, die ich kenne, das mit ihren Freunden nicht. Man erwartet von uns immer noch, dass wir »harte Kerle« sind und es nicht zugeben, wenn wir leiden. Das ändert sich wohl nur ganz allmählich bei der neuen Generation von Jungen und jungen Männern.

Ich habe einmal in einem Pub einer Unterhaltung zwischen zwei ganz normalen Männern zugehört, die diese »tough guy«-Haltung gut veranschaulicht. Beide waren offensichtlich seit Kurzem geschieden, und beide waren fest entschlossen, nur ja kein Zeichen von Schwäche oder Trauer zu zeigen. Die Unterhaltung ging ungefähr so:

A: Wie geht's dir, Kumpel?
B: Gut. Gut. Bestens.
A: Hast du Shirley getroffen?
B: Ja, das verrückte Luder.
A: Immer noch schwer hinter dir her, was?
B: Die gibt nicht auf. Die ganze Zeit will sie was. Unterhalt, Sorgerecht, Geld, jede Woche kommen Briefe vom Anwalt.
A: Sag bloß. Ich hab gerade dasselbe Problem. Die Weiber sind doch alle gleich.
B: Da kannst du Gift drauf nehmen.
A: Geht sie dir ab?
B: Nein, wirklich nicht. Ich bin froh, dass sie weg ist. Aber sie kann mich einfach nicht in Ruhe lassen. Und dann hetzt sie die Kinder gegen mich auf. Die haben wirklich was Besseres verdient, als immer zwischen den Fronten zu stehen. Sie benutzt sie gegen mich.
A: Hat sie immer noch diesen Freund da?
B: Ja, diesen Trottel. Wahrscheinlich steckt der dahinter.
A: Und was ist mit deinem Liebesleben? Läuft da was?
B: Da läuft ganz schön was.
A: Jemand Spezielles? Ich bin ja nicht neugierig, aber unter uns: Als Mann braucht man das doch.
B: Sie ist schon in Ordnung. Macht's wirklich gerne. Wer braucht schon einen toten Fisch wie Shirley, wenn da all diese tollen Mädels rumlaufen, die geradezu darum betteln.
A: Ja, aber Shirley war schon was Besonderes, oder?
B: *War,* das isses, *war.* Ich will nichts mehr davon hören.
A: Tut mir leid. Noch 'n Bier?
B: Danke. Ich muss los. An diesem Wochenende bin ich mit den Kindern dran. Ich hab keine Ahnung, was ich mit ihnen unternehmen soll.
A: Na, dann viel Glück. Und immer draufhalten.
B: Genau. Das kannst du laut sagen.

Meiner Meinung nach hat B in Wirklichkeit etwas ganz anderes gesagt, nämlich:

Mir geht es wirklich schlecht. Shirley ist ziemlich aggressiv, und ich bin einsam, verletzt und sehr eifersüchtig. Es bedrückt mich sehr, dass die Kinder unsere Streitereien mitkriegen. Und ich vermisse sie. Meine neue Freundin ist kein Ersatz für sie. Ich wette, ihr Kerl liebt sie nicht halb so sehr wie ich. Es macht mich ganz krank, wenn ich mir vorstelle, wie sie mit ihm schläft. Ich wünschte, sie wäre tot. Dann könnte ich leichter damit umgehen. Alles, was ich habe, sind die Kinder, und ich weiß nicht, was ich ihnen sagen soll.

Es ist schon sehr traurig, dass die wenigsten Männer sagen können, was sie wirklich fühlen. Die Dialoge im Pub wären erheblich interessanter und die Männer viel gesünder. Offensichtlich waren die zwei im Pub gute Freunde und war ihnen diese Freundschaft auch ein Trost. Aber keiner war in der Lage, dem anderen gegenüber zuzugeben, wie gekränkt und traurig er ist.

Wenn Sie einen guten Freund haben, dann erzählen Sie ihm einfach, was Sie auf dem Herzen haben. Sie werden feststellen, dass er sich durch Ihr Vertrauen sehr geschmeichelt fühlt. Wahrscheinlich kann er Ihnen auch nicht groß weiterhelfen, aber ich bin hundertprozentig sicher, dass es Ihnen viel besser geht, wenn Sie die Geheimniskrämerei aufgeben, hinter der die meisten Männer ihr emotionales Desaster verbergen.

Frauen haben es wirklich gut. Sie können mit ihren Freundinnen reden und sich bei ihnen so richtig ausheulen.

Frauen aus meinem Freundeskreis haben mir schon oft ihr Herz ausgeschüttet, und ich bin froh darüber, dass ihnen allein mein Zuhören geholfen hat. Warum ist es für Männer so schwierig, mit anderen Männern zu sprechen? Meiner Überzeugung nach liegt das nur an der Art, wie wir erzogen wurden. Es wird Zeit, dass wir neue Regeln aufstellen. Es ist nicht nur völlig in Ordnung, wenn Jungs weinen, weil ihnen etwas wehtut, es ist auch sehr ungesund, wenn sie es nicht tun.

■ Kernpunkte

- Die meisten Männer wachsen unter weiblichem Einfluss auf.
- Sie haben oft keine Ahnung davon, wie man alleine lebt.
- Sie tun sich schwer damit, ihre Gefühle auszudrücken.
- Es ist viel leichter, über alles hinwegzukommen, wenn man offen mit seinen Freunden redet.

10 Haushalt

Ein Mann im Haus
Ist zwei auf der Straße wert.
Mae West

Für Männer, die nach der Trennung bei Haus und Kindern bleiben, trifft viel von dem, was ich jetzt sage, nicht zu. Es ist aber wohl doch meistens so, dass die Männer gehen, egal, ob die Trennung auf ihren Wunsch hin erfolgt oder nicht. Für Männer, die ausziehen, ist das Junggesellenleben oft eine völlig neue Erfahrung, noch dazu eine, die von gemischten Gefühlen und einiger Aufregung begleitet wird.

Suchen Sie sich ein freundliches und angenehmes neues Quartier

Wenn Sie irgendwohin umziehen, denken Sie wahrscheinlich, dass Ihr neues Quartier nur ein provisorisches ist. Aus diesem Grund suchen Sie sich wahrscheinlich irgendeine billige und möglicherweise hässliche Bleibe. Es ist typisch für die meisten Männer, die ein Single-Leben starten, dass sie ihre Ansprüche hier herunterschrauben. Meiner Meinung nach ist das ein Fehler, den Sie bald bereuen werden.

Erstens werden Sie wahrscheinlich viel länger in dieser ersten Wohnung nach der Trennung bleiben, als Sie denken. Aber auch wenn das nicht der Fall ist: Eine deprimierende Umgebung ist das Letzte, was Sie brauchen, wenn Ihre Stimmung ohnehin auf dem Tiefpunkt ist. Ich rate Ihnen dringend, sich Zeit für die Suche nach einer neuen Wohnung zu nehmen und sich für eine helle und freundliche zu entscheiden. Denn nichts ist so deprimierend wie ein dunkles, feuchtes Loch.

Nach der Trennung von meiner zweiten Frau habe ich mir eine düstere, kalte und schlecht geschnittene Wohnung gesucht. Sie lag zwar in einer netten Gegend, aber es kam kein Sonnenstrahl hinein und es roch wie im Keller. Eine meiner spirituell disponierten Bekannten war der Ansicht, in dieser Wohnung gebe es böse Schwingungen. Ich hatte zwar ein Dach über dem Kopf, aber es machte keinen Spaß, darunter zu leben, und ich wurde noch deprimierter, als ich ohnehin schon war. Als ich schließlich in eine sonnige Wohnung mit einer schönen Aussicht zog, wurde meine Stimmung sofort besser. Und sehr viel teurer war die Wohnung auch nicht.

Widerstehen Sie der Versuchung, auf das erstbeste preisgünstige Angebot einzugehen, und nehmen Sie sich Zeit, um etwas zu finden, wo Sie sich wohl fühlen. Wahrscheinlich verschlechtert sich Ihr Lebensstandard ohnehin ein bisschen. Da müssen Sie das Gefühl von Abstieg nicht noch dadurch verstärken, dass Sie sich in einer hässlichen Wohnung niederlassen.

Machen Sie Ihr neues Zuhause wohnlich

Ich halte es auch im Hinblick auf Ihre Selbstachtung für sehr wichtig, dass Sie Ihr neues Heim so attraktiv gestalten, wie Sie nur irgend können, auch wenn Sie vielleicht finanzielle Probleme haben und es nicht ums Herzeigen geht. Es ist einfach notwendig, dass Sie sich zu Hause fühlen. Denken Sie daran, dass Sie jetzt alleine sind und sich so einrichten können, wie Sie wollen, mit Möbeln, die nur Ihnen persönlich gefallen müssen. Man kann auch mit wenigen Einrichtungsgegenständen eine gemütliche Atmosphäre erzeugen und muss dafür nicht viel Geld ausgeben. Selbst auf einem Flohmarkt kann man fündig werden.

Ebenfalls gut für Ihre Selbstachtung ist eine ordentliche Haushaltsführung. Man muss nicht dem Putzwahn verfallen, um seine Wohnung einigermaßen sauber und ordentlich zu halten. Doch ein gepflegtes Zuhause erhöht das Wohlbefinden, ganz abgesehen davon, dass man stolz darauf sein kann. Ich persönlich habe schließlich sogar gewissen Spaß am Waschen und Bügeln gefunden, Tätigkeiten, die ich vorher völlig unter meiner Würde fand. Man ist sauber und ordentlich angezogen und straft noch dazu all die weiblichen Wesen Lügen, die denken, dass man das auf keinen Fall alleine schafft.

Achten Sie auf sich selbst

Schließlich und endlich ist es sehr wichtig, dass Sie auf Ihre Ess- und Trinkgewohnheiten achten. Ich habe mich anfangs selbst dabei ertappt, dass ich jeden Abend vor dem Essen ein oder zwei Gläser zu viel getrunken und das Essen immer weiter hinausgeschoben habe. Wenn man sich selbst geregelte Mahlzeiten zu festen Zeiten verordnet, dann hat man mehr Spaß bei der Zubereitung und trinkt nicht so viel. Ich habe mir dann auch vorgenommen, nach dem Essen überhaupt nichts mehr zu trinken, wenn ich nicht irgendwo zu Gast gewesen bin.

Ich habe schon darauf hingewiesen, dass man sich als Single-Mann mit dem Thema Kochen befassen sollte, und es empfiehlt sich, auf eine ordentliche und abwechslungsreiche Ernährung zu achten. Dazu gehört auch, dass man mit System einkauft, was wiederum dazu führt, dass die Zusammenstellung der Gerichte allmählich immer vielfältiger wird. In der Familie, in der ich aufwuchs, gab es die Regel »ein Stück Fleisch und zwei Sorten Gemüse«. Nachdem ich aber mit einer begnadeten Köchin zusammengelebt habe, wurde mir klar, dass das Spektrum der Möglichkeiten auch für einen nicht so begnadeten Koch doch etwas größer ist.

Ich kenne einige alleinstehende Männer, die hervorragend kochen. Ich beneide sie, aber ich versuche nicht, ihnen nachzueifern. Trotzdem verfüge ich über ein kleines Repertoire von schmackhaften Gerichten und setze viel mehr Ehrgeiz daran als früher, dass sie auch gelingen. Ich habe Spaß daran gefunden, nicht nur meine Gäste, sondern auch mich selbst mit meinen neuen Kochkünsten zu beeindrucken. Außerdem, so sagt man mir, sind Kochkurse eine wunderbare Gelegenheit, um neue Freunde zu finden.

Eine gute Haushaltsführung ist meiner Meinung nach ein ausgesprochen wichtiger Bestandteil für den Prozess des Überlebens und Reifens als Single. Vielleicht geht es Ihnen so wie mir, und Sie sind selbst überrascht, wie viel Vergnügen Sie daran haben, Leute zu bewirten.

■ **Kernpunkte**

- Nehmen Sie nicht die erstbeste Wohnung, wenn Sie ausziehen.
- Mit wenig Aufwand kann man seine Wohnung freundlich und gemütlich machen.
- Es ist gut für die Moral, wenn der Haushalt sauber und ordentlich ist.
- Achten Sie auf sich selbst, und sorgen Sie für eine gesunde und abwechslungsreiche Ernährung.

11 Zerstreuung

Auch ich tue manchmal etwas
Und habe Spaß daran.
Robert Bridges

Ich glaube, Menschen mit kreativen Fähigkeiten sind eher in der Lage, ihr Leben wieder auf die Reihe zu bekommen, als Leute, die nicht über solche Begabungen verfügen. Für jemanden mit entsprechenden Neigungen und einem gewissen Talent kann es eine erfüllende Tätigkeit sein, ein Bild zu malen, ein Gedicht zu schreiben oder ein Lied zu singen. Es sind alles Aktivitäten, die diesen Menschen von seiner Einsamkeit ablenken.

Männern, die behaupten, sie könnten keine gerade Linie zeichnen und beim Singen keinen Ton treffen, empfehle ich, sich an die Begabungen und Interessen zu erinnern, die sie hatten, bevor sie zu einer regelmäßigen Fernsehdiät übergingen. Ihr Single-Dasein ist eine wunderbare Gelegenheit, sich im Rahmen geeigneter Kurse oder Fortbildungsprogramme neue Fertigkeiten anzueignen oder bereits vorhandene zu verbessern. Einige Männer aus meinem Bekanntenkreis haben sehr erfüllende Aktivitäten für sich entdeckt, denen sie sich häufig intensiv widmen: vom Gesangsunterricht über Kunstkurse bis hin zum Schreinern oder Polstern von Möbeln.

Lernen lohnt sich

Viele von uns mussten an einem bestimmten Punkt in ihrem Leben verschiedene Aktivitäten aufgeben, da sie die verantwortungsvolle Aufgabe übernahmen, für eine Familie zu sorgen. Jetzt haben Sie möglicherweise die großartige

Chance, etwas zu erlernen, das Sie bereichert und sich vielleicht sogar finanziell lohnt. Abgesehen von der Befriedigung, die Sie durch die Aneignung neuer Fähigkeiten erleben, kann die Lernerfahrung an sich moralisch extrem aufbauend sein, wenn Ihr Selbstwertgefühl angekratzt ist.

Ein weiterer positiver Aspekt von Kursen und Programmen besteht darin, dass Sie andere Menschen mit ähnlichen Interessen kennenlernen. Sie haben die Gelegenheit, neue Freundschaften zu schließen, und die Tatsache, dass alle Teilnehmer ein gemeinsames Interesse verbindet, erhöht die Wahrscheinlichkeit, dass Sie auch zueinander passen. Außerdem besteht natürlich die Möglichkeit, in diesem Rahmen eine neue Partnerin zu finden.

Ich hatte Murray vor seiner Scheidung einige Male getroffen und ihn nicht als jemanden eingeschätzt, der sich für musische Dinge interessierte. Daher war ich sehr überrascht, als ich eines Tages auf ein Jazzkonzert ging und Murray dort die Trompete spielte. Während einer Pause erzählte er mir, dass er begonnen hatte, Trompete zu spielen, nachdem seine Ehe in die Brüche gegangen war, da er so am besten abschalten konnte.

»Ich habe schon als Kind Trompete gespielt, wenn auch ziemlich schlecht«, sagte er mir. »Und als ich wieder damit anfing, dachten meine Freunde, es sei eine vorübergehende Spinnerei. Jetzt spiele ich regelmäßig in einer Band. Für mich ist es die beste Therapie.«

Kurse an der Volkshochschule sind eine tolle Möglichkeit, wieder in einen Lernprozess einzusteigen. In der Regel sind sie nicht zu schwierig und erfordern nicht viel Zeit, bieten aber ein gutes Unterrichtsniveau in einer angenehmen Atmosphäre. Wie bereits erwähnt, kann man hier aufgrund der gemeinsamen Interessen wunderbar Kontakte knüpfen und, was noch wichtiger ist, Menschen kennenlernen, die nichts mit dem Umfeld zu tun haben, in dem man sich normalerweise bewegt. Allein das kann bereits eine großartige Erfahrung sein.

Lernen als Therapie

Der Prozess des Lernens hat eine therapeutische Wirkung. Wenn wir unseren kreativen oder intellektuellen Horizont erweitern, befreien wir uns zwangsläufig von einigem Ballast aus der Vergangenheit, um Platz für neues Wissen zu schaffen. Je stärker wir in unseren Lernprozess involviert sind, desto weniger Zeit oder Lust haben wir, uns gedanklich mit unserer unglücklichen Situation zu beschäftigen. Wir sind gezwungen, im Hier und Jetzt zu leben.

Darüber hinaus fördert das Lernen eine positive Einstellung im Hinblick auf unsere Zukunft. Ich selbst habe mehrere Kurse belegt und dabei äußerst wertvolle Erfahrungen gemacht. Die Teilnahme an den Kursen hat mir sowohl psychisch geholfen als auch meine sozialen Kontakte gefördert. In dieser Zeit entstanden mehrere dauerhafte Freundschaften, und der Unterricht machte mir großen Spaß.

Mit unseren Händen zu arbeiten ist für uns ein Urbedürfnis, und diejenigen, die keine Gelegenheit dazu hatten, brauchen einen Ersatz dafür. Gärtnern, Holzhacken und ähnliche Tätigkeiten kommen dafür allerdings weniger in Frage, weil sie das Bedürfnis, etwas Bedeutsames mit den Händen zu erschaffen, häufig nicht befriedigen. Töpfern, das Anfertigen von Skulpturen, Schreinerarbeiten und ähnliche kreative manuelle Tätigkeiten sind nützliche Fähigkeiten und außerdem gut für die Seele. Wenn man sich solche Fertigkeiten im Rahmen eines Hobbys aneignet, kann der Wunsch entstehen, sich auf diesem Gebiet fortzubilden und manchmal führt dies zu einem ganz neuen beruflichen Weg. Ich erinnere mich an einen bekannten Maler, dessen Karriere als Künstler bei einem Therapeuten begann, nachdem er einen schweren Flugunfall überlebt hatte.

Bei manuellen Tätigkeiten vergeht die Zeit in der Regel sehr schnell, und der Geist ist ganz darauf ausgerichtet. Wenn Sie versuchen, einen anderen Menschen zu vergessen, ist dies die beste Methode, die ich kenne, um eine kontrollierte Amnesie herbeizuführen.

Manchen Menschen hilft es, in Amateurtheatergruppen mitzuspielen oder zusammen mit anderen Musik zu machen. Sie spüren einen inneren Drang, sich auszudrücken, und faszinieren andere Menschen mit ihrer Ausstrahlung. Zudem sorgen die Proben für öffentliche Auftritte für einen willkommenen Adrenalinschub.

Körperliche Aktivität

Auch Sport kann Ihnen sehr wirksam dabei helfen, aus Ihren Stimmungstiefs herauszukommen, und dabei können Sie ebenfalls neue Leute kennenlernen. Körperliche Betätigung ist sehr wichtig für unser Wohlbefinden. Tennisclubs bieten beispielsweise ausgezeichnete Möglichkeiten, andere Menschen zu treffen, vor allem, wenn man nach dem Sport noch gesellig beisammensitzt. Falls Sie nach einer Trennung immer noch erheblichen Zorn verspüren, ist Tennis wunderbar geeignet, um die innere Anspannung abzubauen. Mit Aerobic und anderen Fitnessprogrammen kann man ebenfalls sehr gut Stress abbauen und den Körper in Form bringen. Denn es ist wichtig für Ihr psychisches Gleichgewicht, mit Ihrem Aussehen zufrieden zu sein. Wenn Sie sich körperlich wohlfühlen, wirkt das hinsichtlich Ihres Selbstwertgefühls wahre Wunder.

Egal, für welche Aktivität Sie sich entscheiden, Sie sollten sie als positiven Teil Ihres Wachstumsprozesses sehen. Betrachten Sie Ihr neues Interessengebiet nicht als Fluchtweg, sondern vielmehr als Pfad zu neuen Welten.

■ Kernpunkte

- Es kann ein therapeutisches Abenteuer sein, sich neues Wissen und neue Fertigkeiten anzueignen.
- Mit den eigenen Händen zu arbeiten ist eine erfüllende Tätigkeit und gut für die Seele.
- Sport erzeugt ein Gefühl körperlichen Wohlbefindens.
- Wenn Sie einem Sportclub beitreten, tun Sie etwas für Ihre persönliche Fitness und Gesundheit und eröffnen sich die Möglichkeit, neue Menschen kennenzulernen.

12 Sexualität und Enthaltsamkeit

Die Ehe bringt viel Leid mit sich,
Aber die Enthaltsamkeit
Ist überhaupt keine Freude.
Samuel Johnson

Wenn Sie plötzlich ohne Partnerin dastehen, wird Sex – oder, um genauer zu sein, fehlender Sex – ein Problem sein, mit dem Sie sich auseinandersetzen müssen. Können Sie sich vorstellen, zumindest für eine Weile ohne sexuelle Kontakte zu leben, oder sind Ihnen flüchtige Affären mit häufig wechselnden Partnerinnen lieber? Dies sind zwei grundverschiedene Haltungen, über die Sie sich früher oder später Gedanken machen müssen.

Die Autorin Celia Haddon stellt in einem ihrer Bücher die folgenden Fragen: »Macht es Spaß, Sex zu haben? Ist es etwas Natürliches? Ist es überhaupt gut für uns?« Und dann erläutert sie, warum Sex ihrer Meinung nach keinen Spaß macht: »Sex ist nichts anderes als reiner Körperkontakt, bei dem sich die Genitalien berühren und eine Reihe von Bewegungen und Empfindungen aufeinanderfolgen, die häufig in einem Orgasmus gipfeln.«

Doch vielleicht finden Sie das ja gar nicht einmal so schlecht …

Argumente für flüchtige Affären

Für zwanglose sexuelle Kontakte spricht, dass sie Spaß machen. Sie können das Ego ungeheuer aufbauen, und zwar zu einer Zeit, in der man das sehr nötig hat. Für die Befürworter von Affären ist eine tiefe emotionale Bindung nicht notwendig, um Spaß am Sex zu haben. Ihrer Meinung nach handelt es sich dabei um einen ganz natürlichen Akt, also nur zu, wenn es keinem wehtut.

Trotz dieser Argumente sollten Sie bedenken, welche Wirkung eine Entscheidung für diese Variante auf Ihre Gefühle hat. Wenn es bei Ihnen erst vor Kurzem zur Trennung gekommen ist, könnten Sie eine emotionale Achterbahnfahrt hinter sich haben und sehr verletzlich sein. Daher sollten Sie sich klarmachen, was für eine Auswirkung ein intimer Kontakt auf Ihr derzeit wahrscheinlich eher aufgewühltes Gefühlsleben hat.

Manche Männer finden regelmäßige sexuelle Kontakte fast genauso wichtig wie regelmäßige Mahlzeiten. Für sie ist häufiger Gelegenheitssex vermutlich eine Art Heilmittel. Und wahrscheinlich strahlen sie ihr Bedürfnis auf eine Weise aus, die bei Frauen mit ähnlichem Interesse auf Resonanz stößt. So sind flüchtige Affären für viele Männer wohl eine Lösung, zumindest für eine Übergangszeit.

Diese Variante dürfte für jüngere Männer, deren sexuelle Energie sich auf dem Höhepunkt befindet, attraktiver sein als für reifere Männer, die sexuell vielleicht nicht mehr ganz so aktiv sind. Doch wie auch immer: Ich bin überzeugt davon, dass die meisten Männer sich langfristig eine erfüllende Sexualität wünschen, die nicht nur aus »reinem Körperkontakt« besteht.

Ich selbst bin ein heilloser Romantiker. Daher sind sexuelle Abenteuer mit Zufallsbekanntschaften oder auch mit guten Freundinnen für mich relativ witzlos. Ein sexueller Akt ist für mich automatisch eine Verpflichtung – ausgesprochen oder unausgesprochen. Beim Sex mit einer Prostituierten verpflichtet man sich zum Beispiel dazu, sie für ihre Zeit und Dienstleistung zu bezahlen und sie nicht unfreundlich zu behandeln. Die meisten Frauen erwarten selbst bei einem One-Night-Stand etwas mehr als »zackbumm und tschüss«. Eine meiner Studentinnen erzählte mir einmal, sie habe sich hin und wieder auf sexuelle Abenteuer eingelassen, was aber häufig zu einer großen Traurigkeit geführt hatte. Mittlerweile war sie Mitte zwanzig und wünschte sich eine tiefer gehende Beziehung. Sie wollte so lange auf sexuelle Kontakte verzichten, bis sie einen festen Partner gefunden hatte.

Platonische Freundschaften und sexuelle Enthaltsamkeit

Wenn Ihnen Ihre platonischen Freundschaften mit Frauen wichtig sind, sollten Sie die Sexualität hier auch weiterhin außen vor lassen. Nur allzu leicht verdirbt man sich die Freundschaft mit einem Menschen, wenn man sexuell an ihm interessiert ist, dies aber nicht auf Gegenseitigkeit beruht. Darüber hinaus ist kaum etwas erniedrigender als ein sexuelles Abenteuer mit jemandem, der sich quasi aus Mitleid darauf einlässt.

Falls für Sie die Chemie stimmen muss, damit es in einer Beziehung funkt, müssen Sie, solange die richtige Frau noch nicht aufgetaucht ist, auf Frustrationen vorbereitet sein. Es ist wunderbar, sich zu verlieben, aber Sie können dieses Ereignis nicht gezielt herbeiführen. Und wahrscheinlich kommt die Liebe auf den ersten Blick in erster Linie in schnulzigen Liebesromanen vor. Manchmal entwickelt sich die Liebe erst, nachdem eine Freundschaft gewachsen, reifer und tiefer geworden ist.

Mit sich alleine klarkommen

Wie aber halten Sie es aus, wenn Sie sich dafür entschieden haben, für eine Weile auf Sexualität zu verzichten? Natürlich ist die Masturbation in diesem Fall eine Möglichkeit, und die wenigsten von uns dürften heutzutage ein Problem mit Autoerotik haben.

Wenn wir also akzeptieren, dass Selbstbefriedigung nach einer Trennung ein Ersatz für Geschlechtsverkehr ist, sollten wir auch an pornografisches Material denken – es kann eine wichtige Rolle bei Ihrem Heilungsprozess spielen. Manche Pornos sind allerdings so schrecklich, dass sie eher ab- als antörnend wirken. Aber es gibt auch Zeitschriften und Videos, die sehr anregend und geschmackvoll gestaltet und einfach richtig gut sind.

Wir sollten uns wegen unserer erotischen Gefühle und sexuellen Fantasien nicht schämen. Falls im Moment keine romantische Liebesbeziehung in Sicht ist, sollten wir nicht gleich in Torschlusspanik verfallen. Erotische Fantasien sind nicht die Lösung für alles, aber sie sind besser als nichts.

Es gibt darüber hinaus einen positiven Aspekt der sexuellen Enthaltsamkeit, den wir nicht außer Acht lassen sollten: Wir können unsere sexuelle Energie auch in andere Aktivitäten einfließen lassen. Sport und andere körperliche Betätigungen sind hierfür die offensichtlichsten Kanäle, aber noch wichtiger sind geistige, spirituelle und kreative Aktivitäten. In religiösen Orden, die Enthaltsamkeit als Lebensform gewählt haben, begegnet man häufig einer sensiblen Ästhetik sowie einer außergewöhnlich intensiven Geistigkeit. Viele großartige Athleten, Künstler und Schriftsteller sind am leistungsfähigsten in Zeiten sexueller Enthaltsamkeit. Ich selbst und auch einige Freunde von mir haben die Erfahrung gemacht, dass man merklich produktiver wird und sich nachhaltiger auf etwas konzentrieren kann, wenn man sexuell nicht abgelenkt wird.

Jeder Mann muss nach einer Trennung so gut wie möglich mit seiner sexuellen Frustration umgehen. Schlechter Sex oder rasch wechselnde Intimbeziehungen, die nur zu Leid oder Schmerzen führen, lohnen sich nicht. Wenn Sie ohnehin schon psychisch ein wenig angeschlagen sind, können Sie zusätzlichen emotionalen Stress überhaupt nicht gebrauchen, selbst wenn Sie durch eine flüchtige Affäre kurzfristig etwas Trost finden. Da sexuell übertragbare Krankheiten nicht selten sind, sollten Sie sich mit gebotener Vorsicht und Verantwortung auf ein sexuelles Abenteuer einlassen.

■ **Kernpunkte**

- In der gegenwärtigen Situation kann eine sexuelle Affäre genau das Richtige sein, aber man sollte verantwortungsvoll damit umgehen.
- Selbstbefriedigung ist eine Option.
- In Zeiten sexuellen Mangels muss jeder Mann seine eigene Lösung dafür finden.

13 Selbsthilfe und fremde Hilfe

Nimm meinen Rat an, glücklicher Mann;
Und handle danach, wenn du kannst!
Sir W.S. Gilbert

In seinem Buch über Single-Väter berichtet John Wilson von einer Studie, in der er untersuchte, welche Dinge Männer hilfreich finden, um mit ihrer Rolle als Single-Vater klarzukommen. Selbsthilfemaßnahmen standen dabei an erster Stelle, religiöse Organisationen rangierten auf dem letzten Platz. Generell wurde die Unterstützung von der Familie und Freunden als viel hilfreicher eingestuft als die Dienste von sozialen Einrichtungen oder Wohltätigkeitsorganisationen. Das entspricht auch meiner persönlichen Erfahrung, die zudem durch viele meiner Freunde bestätigt wurde.

Leo war Ende fünfzig, als er nach mehr als dreißig Ehejahren von seiner Frau verlassen wurde. Nach der Trennung war er völlig am Boden zerstört. Ich traf ihn in einer Selbsthilfegruppe, der wir beide – mit einigen Vorbehalten – beigetreten waren. Auch nachdem wir die Gruppe wieder verlassen hatten, blieben wir noch eine Weile in Kontakt, und einige Monate später berichtete er mir, dass er sein Leben wieder »auf der Reihe« hatte.

»Die Wende kam, als ich erneut begann, an den Gruppensitzungen teilzunehmen«, schrieb er mir in einem Brief. »Nachdem du die Gruppe verlassen hattest, war ich manchmal der einzige Mann unter einem Dutzend Frauen. Anfangs fühlte ich mich sehr fremd, aber eines Tages versuchte ich den anderen auf sehr emotionale Weise klarzumachen, wie schlimm es für einen Mann ist, wenn ihm der Zugang zu seinen Kindern verwehrt wird. Plötzlich umarmten mich alle und zeigten mir, wie gut sie mich verstanden. Es war ein großer Durchbruch, und zwar nicht nur für mich.«

Wieder auf die Beine kommen – die stärkste Kraft sind Sie selbst!

Eine Trennung kann einen persönlichen Wachstumsprozess bei uns in Gang setzen, den am stärksten wir selbst bestimmen können. In erster Linie müssen wir einige Dinge verändern, um uns von den einschneidenden Ereignissen zu erholen und wieder auf die Beine zu kommen – und das ist zunächst einmal unsere ganz eigene Sache. Doch die Hilfe und Unterstützung von Freunden spielen ebenfalls eine wichtige Rolle. Wir brauchen dieses Netzwerk schon alleine, damit jemand uns von Zeit zu Zeit sagt, dass wir ein wertvoller Mensch sind.

Gute Freunde sind allerdings nicht immer die besten Ratgeber, auch wenn sie selbst bereits eine Trennungserfahrung durchgemacht haben und es sehr gut mit uns meinen. Wahrscheinlich müssen Sie sich zahlreiche Binsenweisheiten von Leuten anhören, die absolut keine Ahnung haben, welche Ratschläge Ihnen in Ihrer Situation am besten helfen.

Die meisten meiner Freunde versicherten mir nach meiner Trennung immer wieder, dass es mir wieder gut gehen und meine Probleme verschwinden würden, wenn ich a) eine neue Frau kennenlernen oder b) verreisen würde oder c) weil die Zeit alle Wunden heilt. Ihre Ratschläge waren gut gemeint, aber der zur Schau gestellte Optimismus, mit der sie alle auf meine Situation reagierten, konnte mein persönliches Elend überhaupt nicht mindern.

Fast alle meine Freunde nahmen an, mein größter Wunsch sei es, so bald wie möglich eine neue Partnerin zu finden. Das Alleinleben hielten sie für unnormal. Daher waren sie auch der Ansicht, dieser Zustand müsse, sobald eine scheinbar passende Partnerin auf der Bildfläche erschien, schleunigst beendet werden. Einer meiner Freunde vertrat eine andere Haltung, und ich bin froh, dass ich auf ihn hörte. Er empfahl mir, mein Alleinsein zu akzeptieren, da dies der erste Schritt sei, um wieder auf die Beine zu kommen. Es war ein guter Rat, und es ist eine der Kernaussagen dieses Buches.

Die zweite Ehe dieses Freundes war zerbrochen, als er bereits über eine gewisse Lebensklugheit verfügte und bereit war, sein Leben selbst in die Hand zu nehmen. Er konnte mir daher überzeugend davon berichten, wie erfüllt und glücklich sein Leben als Single war. Er erzählte mir, wie produktiv er geworden war und dass seine neu gewonnene Freiheit den Trennungsschmerz erheblich gemindert hatte. So wie ich hatte er fast sein gesamtes Leben als Erwachsener die Rolle des Ehemanns und Familienvaters innegehabt. Daher war es wie eine Offenbarung für ihn, nun ganz andere Energien freisetzen zu können.

Freunde sind etwas Wunderbares und sehr wichtig für uns, aber sie sollten uns in einer Trennungssituation unterstützen und nicht etwa besserwisserisch belehren. Und auch Sie selbst sollten offen für die Erfahrungen Ihrer Freunde sein, denn Sie können auf diese Weise viel über das Wesen der Menschen erfahren. Darüber hinaus können Sie möglicherweise aus den Fehlern anderer lernen und manche Fallstricke vermeiden. Besonders hilfreich ist es, Freunde anzurufen, wenn Sie sehr niedergeschlagen sind. Das Telefon war mein Rettungsanker, und viele Freunde haben mir aus meinem tiefen Loch herausgeholfen, indem sie einfach am anderen Ende der Leitung für mich da waren. Häufig hatten unsere Gespräche gar nichts mit meiner Situation zu tun, sondern wir plauderten einfach über dies und das. Im Rückblick frage ich mich, ob manche meiner Freunde sich hin und wieder verwundert am Kopf kratzten und dachten: »Was für einen Unsinn hat er heute wieder erzählt.« Für den Fall, dass jemand dies liest und zustimmend nickt, möchte ich zu meiner Verteidigung hinzufügen, dass es damals um mein Überleben und mein Seelenheil ging.

Psychologische Beratung

Wenn Sie eine psychologische Beratung in Anspruch nehmen möchten, sollten Sie sich darüber klar werden, welche Probleme behandelt werden sollen. Es ist nicht sehr sinnvoll, ein Auto zur Werkstatt zu bringen und dem Mechaniker lediglich zu sagen, dass es nicht gut fährt. Wenn Sie das Problem genauer benennen können, zum Beispiel dass die Lenkung zu viel Spiel hat, der Auspuff zu laut ist oder der Wagen schlecht anspringt, wird die Reparatur in der Regel schneller und effektiver ausgeführt werden können. Mit einem ähnlichen Ansatz sollten Sie auch an eine Therapie herangehen. Definieren Sie für sich, welche Dinge Sie in der Therapie aufarbeiten möchten, dann werden Sie am meisten davon profitieren.

Hier ist eine Liste von Problemen, die Ihnen womöglich bekannt vorkommen und von denen Sie eventuell einige gezielt angehen möchten. Vielleicht leiden Sie auch nur unter ein oder zwei Problemen, die Sie allerdings so stark belasten, dass Sie sich eingehender damit befassen sollten:

- Wut
- Depressionen
- Eifersucht
- Schlafstörungen
- Impotenz
- Gedächtnisschwäche
- Trauer
- Angst
- Unsicherheit

– Appetitlosigkeit
– Aggressionen
– Hautprobleme

Ich könnte die Liste noch weiter fortsetzen, aber Sie wissen sicher selbst am besten, was Sie belastet. Um meine Probleme besser erkennen zu können, formulierte ich eine Art Selbstdiagnose, die zu einem bestimmten Zeitpunkt so aussah: »Ich habe einen sehr unruhigen Schlaf und wache mit Herzrasen auf. Ich werde unvermittelt von starken Depressionen überfallen. Ich kann mich nur schlecht konzentrieren.«

Ihr erster Ansprechpartner ist der Hausarzt. Möglicherweise verschreibt er Ihnen etwas, um Sie psychisch zu stabilisieren. Das kann in einigen Fällen ratsam sein. Allerdings ist es besser, die Probleme tiefgreifend und nachhaltig anzugehen. Vielleicht kann Ihnen Ihr Arzt hierbei bereits umfassend helfen. Möglicherweise empfiehlt er Ihnen aber auch eine andere Therapiemethode. Falls Sie sich bereits selbst Gedanken darüber gemacht haben, wer beziehungsweise was Ihnen am besten weiterhelfen könnte, sollten Sie das mit Ihrem Arzt besprechen. Es gibt viele alternative therapeutische Methoden, und aufgeschlossene Ärzte befürworten sie in der Regel. Dazu gehören zum Beispiel Yoga, Tai-Chi, Meditation, eine Gruppentherapie oder andere Methoden und Techniken, die uns heilen und unser persönliches Wachstum fördern. Sport und andere Freizeitaktivitäten haben natürlich ebenfalls eine sehr positive Wirkung auf Menschen, die einen Trennungsschock verarbeiten müssen.

Die klassischen Psychotherapien sind in den letzten Jahren viel professioneller geworden. Wer vor einigen Jahrzehnten noch die eher langwierigen therapeutischen Prozesse miterlebt hat, wird sehr überrascht sein, was sich in diesem Bereich mittlerweile getan hat. Natürlich ist es enorm wichtig, einen qualifizierten Therapeuten auszuwählen, der Ihnen von Ihrem Arzt oder von Freunden empfohlen wurde.

Die meisten meiner Bekannten, die in den letzten Jahren eine Therapie gemacht haben, sind sehr überzeugt davon. Leider denken immer noch viele Menschen, eine Therapie sei nur etwas für »Verrückte«, und scheuen sich daher davor. Wenn Sie aber unter einem Trennungsschock leiden, kann ich Ihnen nur empfehlen, eine Therapie ernsthaft in Erwägung zu ziehen.

Eine Fleischwunde heilt nach einer gewissen Zeit auch von alleine. Aber der Prozess wird beschleunigt, wenn man sie ordentlich verarztet. Dasselbe gilt auch für unsichtbare seelische Wunden, die durch eine Trennung hervorgerufen wurden.

Für die meisten von uns ist das Trennungstrauma sehr real, und es wäre dumm, wenn wir versuchen würden, ganz alleine damit fertig zu werden. Das steht keineswegs im Widerspruch zu dem, was ich bereits über die Selbsthilfemaßnahmen gesagt habe. Natürlich können nur wir selbst unser persönliches Wachstum gezielt in Angriff nehmen. Aber wir sollten nicht so tun, als würden wir keine Hilfe von anderen benötigen.

■ Kernpunkte

- Sie selbst haben den größten Einfluss auf Ihren Heilungsprozess.
- Freunde geben Ihnen vielleicht gut gemeinte Ratschläge, aber diese sind nicht immer richtig für Sie.
- Bei einer Therapie können Sie sehr lohnende Erfahrungen machen. Wählen Sie allerdings einen qualifizierten Therapeuten aus, der Ihnen empfohlen wurde.

14 Klischees über Männer

Meine Männlichkeit,
Lange von wandernden Feuern
In die Irre geführt,
Folgte falschen Lichtern;
Und als sie verloschen waren,
Erzeugte mein Stolz selbst
Ein neues Funkeln.

John Dryden

Eins der größten Hindernisse für Männer, sich mit ihren Gefühlen auseinanderzusetzen, besteht darin, dass sie sich den gängigen Klischeevorstellungen weitgehend anpassen. Vielen Männern fällt es schwer, ihre Macho-Rolle aufzugeben, die als typisch männlich gilt. Wahrscheinlich stammt sie noch von unseren Vorfahren, die häufig Pioniere waren. Dieses Bild wurde durch Sänger, Schriftsteller und Leinwandhelden aufrechterhalten. Will man ihm entsprechen, muss man hart und gefühllos sein.

Männer müssen reden – tun es aber kaum

Wenn wir gestresst sind und außerdem damit fertig werden müssen, dass unsere Beziehung in die Brüche gegangen ist, haben die meisten von uns das dringende Bedürfnis, mit einem verständnisvollen Menschen darüber zu sprechen – doch die wenigsten tun es. Frauen haben kein Problem, mit anderen Frauen über ihre Situation zu reden, und offenbar hilft ihnen das, sich emotional wieder zu stabilisieren. Männer sind dagegen größtenteils nicht in der Lage, mit ihren männlichen Freunden über ihre Probleme zu sprechen. Und nur sehr wenige können sogar ohne Hemmungen darüber reden und sich auf diese Weise von ihrem drückenden Kummer befreien. Für die allermeisten ist es eine schwierige Situation, wenn ein anderer Mann sich (im wahrsten Sinne des Wortes) an ihrer Schulter ausweint.

Ich habe das einmal während einer Gruppentherapiesitzung erlebt. Ich hielt einen pensionierten Soldaten in meinen Armen und wiegte ihn hin und her, während er aus tiefstem Herzen schluchzte, weil ihn seine Frau verlassen hatte. Seltsamerweise war diese Nähe für mich in dem Moment o.k., aber ich muss zugeben, dass mir nicht der Sinn nach einer Wiederholung stand.

In jeder anderen Situation außerhalb der Gruppentherapie wäre es uns beiden furchtbar peinlich gewesen. Und wahrscheinlich hätten andere Menschen gedacht, wir seien ein homosexuelles Paar. So sieht die verbreitete Klischeevorstellung über Männer in unserer Gesellschaft nun einmal aus. Allerdings akzeptieren Frauen und junge Männer heutzutage viel eher, dass Männer ihre Gefühle zeigen, wie wir im nächsten Kapitel sehen werden.

Leider sind ältere Männer häufig noch in diesem Klischee gefangen, und wenn sie Gefühle zum Ausdruck bringen, wird das von Freunden und Bekannten als unmännlich erachtet oder sogar mit Homosexualität gleichgesetzt. Egal, wie oft man uns sagt, dass wir alle auch eine weibliche Seite haben, wir dürfen sie keinesfalls anderen zeigen.

Da vertrauliche und heilsame Gespräche mit anderen Männern so gut wie nicht möglich sind, wählen wir in der Regel Frauen als Vertrauenspersonen. Allerdings gibt es hier – potenziell – einen Haken. Wenn man einer Frau seine Gefühle offenbart, entsteht – selbst wenn die Beziehung zu ihr rein platonisch ist – eine Nähe, die leicht dazu führen kann, dass sie mehr erwartet. Zudem können Gefühle der Eifersucht einem vertrauensvollen Gespräch im Weg stehen oder die Befürchtung, die Frau könne das Anvertraute mit ihrem Ehemann besprechen.

Die Psychologin Bettina Arndt schreibt in einem Artikel: »Aufgrund der Barrieren, die Männer davon absehen lassen, sich einander anzuvertrauen, und der Eifersuchtsgefühle, die sie daran hindern, sich mit anderen Frauen anzufreunden, ist die Ehefrau der einzige Rettungsanker.« Das ist leider wahr. Vor allem trifft es auf Männer zu, die ihr halbes Leben lang Zuflucht bei ihrer Partnerin gesucht haben und die dann plötzlich alleine sind.

Viele Männer haben keine andere Alternative, als das Ganze alleine durchzustehen oder professionelle Hilfe in Anspruch zu nehmen. Leider erachten viele Männer Letzteres als sinnlos. Ihre Einstellung gegenüber »Seelenklempnern« ist häufig so negativ, dass sie es ablehnen, eine psychologische Beratung aufzusuchen. Wieder einmal erweisen sich männliche Vorurteile als Barriere, die es unbedingt zu überwinden gilt. Stattdessen müssen wir lernen, offen mit unseren Freunden zu reden. Frauen sind fast immer gute Zuhörerinnen. Und falls der Kreis Ihrer Freundinnen begrenzt ist, sollten Sie nicht zögern, mit Kolleginnen in der Arbeit zu sprechen.

Als ich selbst schließlich in der Lage war, über meinen Schatten zu springen und Berührungsängste Männern gegenüber abzubauen, haben mich die weisen Ratschläge meiner Geschlechtsgenossen sehr überrascht. Vor allem, wenn man mit Männern spricht, die das Gleiche durchgemacht haben wie man selbst, erfährt man große Anteilnahme. Sollten Sie der Meinung sein, dass es nicht normal ist, wenn ein anderer Mann Ihnen gegenüber sein Mitgefühl zum Ausdruck bringt, liegen Sie völlig verkehrt. Es gibt viele verständnisvolle Männer in Ihrem Umfeld. Sie müssen lediglich die Augen nach ihnen offen halten und Ihre eigene reservierte Haltung aufgeben.

■ Kernpunkte

- Tun Sie nicht länger so, als könne Sie nichts erschüttern, und geben Sie Ihre betont coole Haltung auf.
- Platonische Freundschaften mit Frauen können hilfreich, aber auch riskant sein.
- Es ist schwer, ohne Hilfe mit emotionalen Verletzungen fertig zu werden.
- Männer müssen lernen, offen mit ihren Freunden zu sprechen, um die Abhängigkeit von ihren Partnerinnen zu überwinden.

15 Junge Liebe

Die Jugend ist ein einziges Experiment.
Robert Louis Stevenson

Dieses Kapitel basiert auf Gesprächen, die ich mit einer Reihe von jungen Männern führte, um herauszufinden, wie sie eine Trennung erleben. Ich erkannte – und es hätte mich eigentlich nicht überraschen sollen –, dass sie eine emotionale Krise intensiver erleben als ihre älteren Geschlechtsgenossen. Die Reiferen unter uns erinnern sich wahrscheinlich noch daran, dass sie in jungen Jahren besonders sensibel waren. Daran hat sich grundsätzlich nichts geändert.

Meine Gesprächspartner, das möchte ich noch hinzufügen, waren sehr gebildete und relativ empfindsame junge Männer. Daher sind meine Ergebnisse nicht repräsentativ. Doch für mich persönlich waren diese Gespräche außerordentlich wertvoll: Ich habe sehr viel von diesen jungen Männern gelernt.

Wer behauptet denn, Männer könnten nicht über ihre Gefühle sprechen?

Meine jungen Gesprächspartner hatten im Gegensatz zu den älteren kein Problem damit, über ihre Gefühle zu sprechen. Für Soziologen und Psychologen ist diese Entwicklung sehr interessant, da sie das Dilemma von Männern in einer emotionalen Krise bis vor Kurzem auf ihre Unfähigkeit zurückführten, mit anderen Menschen und vor allem mit anderen Männern über ihre Probleme zu sprechen.

Die jungen Männer bekannten freimütig, die Unterstützung ihrer Freunde in einer emotionalen Krise zu benötigen, da diese Kontakte ein wichtiger Rettungsanker seien. Einer von ihnen sagte dazu Folgendes: »Die Trennung machte mich so fertig, dass ich sogar Halluzinationen hatte. Als ich völlig verzweifelt meinen Freund Dave anrief, reagierte er so entsetzt auf meinen hysterischen Ausbruch, dass ich nicht anders konnte, als mich wieder zusammenzureißen.«

Für die jungen Männer war es aber nicht nur wichtig, sich mit ihren Freunden auszutauschen. Viele von ihnen redeten auch mit ihren Müttern über emotionale Probleme. Allerdings hatten sie, das räumten sie ein, wirklich »tolle Eltern«. Schon allein deshalb war mir klar, dass sie keine repräsentative Gruppe waren. Trotzdem war ich positiv überrascht, dass sie diese Unterstützung hatten.

Alle Eltern sollten sich bemühen, ihre Söhne auf diese Weise zu unterstützen. Denn ihre Emotionen sind sehr intensiv und verletzlich – wie bei vielen jungen Menschen. Die rückhaltlose Unterstützung der Eltern kann daher im Extremfall über Leben und Tod entscheiden.

Selbstmordgedanken

Australien, wo ich lebe, und Neuseeland gehören zu den Ländern mit der höchsten Suizidrate der Welt, und wie in anderen westlichen Ländern sind die meisten Opfer junge Männer.

Als ich meine Gesprächspartner fragte, ob emotionale Traumasituationen möglicherweise zu den Faktoren gehören, die zu dieser schockierenden Statistik führen, reagierten sie zunächst mit einem langen Schweigen. Ein Mann kannte einen Fall, der diese Theorie eindeutig bestätigte. Ein anderer Mann gab zu, dass er in Momenten größter Verzweiflung nach einer Trennung über Selbstmord nachgedacht hatte. Daher konnte er die Gedanken der Betroffenen verstehen.

Generell kann eine Trennung ein Motiv für einen Freitod sein, so die einhellige Meinung der jungen Männer. Zudem kann ein emotionales Trauma zu Alkohol- und Drogenmissbrauch führen – beides Faktoren, die häufig in Zusammenhang mit einem Suizid stehen.

Sind moderne Frauen eine Herausforderung für Männer?

Mein Eindruck ist, dass viele ältere Männer Frauen in der postfeministischen Ära manchmal als bedrohlich empfinden, und deshalb fragte ich die jungen Männer, ob sie sich weniger bedroht fühlten als ihre Väter, da sie schließlich in dieser Zeit aufgewachsen seien. Doch sie verneinten dies. Frauen, für die Karriere und finanzielle Unabhängigkeit an erster Stelle stehen, sind für das männliche Ego offensichtlich nach wie vor eine Bedrohung. Ein Mann aus der Gruppe berichtete von einer Exfreundin, die ihn verlassen hatte, um in Europa zu studieren. Sein Selbstwertgefühl war dadurch gehörig erschüttert worden, da es auf ihn so wirkte, als sei er im Leben dieser Frau weniger wichtig als der Universitätsabschluss im Ausland. Es traf ihn besonders schwer, da seine eigene Karriere zu diesem Zeitpunkt stagnierte und er die Weichen für seine Zukunft stellen musste.

Die jungen Männer stellten die Chancengleichheit für Frauen allerdings keineswegs infrage und waren sich darin einig, dass Frauen ihre beruflichen Ziele verfolgen sollten. Doch gleichzeitig war ihnen klar, dass es dadurch wesentlich problematischer für sie wurde, langfristig funktionierende Beziehungen aufzubauen.

■ **Kernpunkte**

- Junge Männer sind – wie alle jungen Menschen – emotional besonders verletzbar.
- Im Gegensatz zu ihren Vätern fällt es ihnen leichter, mit anderen über ihre Gefühle zu sprechen.
- Die Eltern oder andere lebenserfahrene Menschen sollten junge Männer bei Liebeskummer unterstützen.
- Karriereorientierte, unabhängige Frauen haben eine bedrohliche Wirkung auf das männliche Ego.

Teil 2

Wachsen

16 Der Neubeginn

Komm, leb mit mir und sei meine Liebste
Dann werden wir alle Freuden auskosten.
Christopher Marlowe

Sie wissen es, wenn Sie mit der alten Beziehung endgültig abgeschlossen haben: Wenn Sie an Ihre Expartnerin denken können, ohne dass Ihr Herz pocht; wenn sie zufällig auf der Straße an Ihnen vorbeigeht, ohne dass Wut oder Trauer in Ihnen hochsteigen; wenn es Ihnen wirklich egal ist, mit wem sie schläft – dann sind Sie frei!

Jetzt können Sie über eine neue Beziehung nachdenken. Sie können Frauen wieder aus einer anderen Perspektive betrachten: Sie sehen sie nicht mehr als potenzielle Seelentrösterinnen, sondern als Gefährtinnen mit gleichen Rechten und Privilegien.

Sie werden jetzt bestimmt viele interessante Menschen treffen und vielleicht auch merken, dass Sie so manche Frau, die Sie schon lange kennen, mit anderen Augen betrachten. Wahrscheinlich spüren Sie auch, dass alte Freunde Sie anders behandeln als zuvor: wie einen von ihnen und nicht länger wie jemanden, der Unterstützung braucht. Es ist herrlich, emotional wieder im Gleichgewicht zu sein. Dieses Gefühl markiert die Schwelle zwischen der Lebensphase, die jetzt abgeschlossen ist, und dem Neubeginn.

Eine Entdeckungsreise

Nutzen Sie diese Zeit für eine vergnügliche Entdeckungsreise. Lassen Sie alle Welt wissen, dass Sie ein besonderer Mensch sind, mit einem Ziel im Leben und dem Bedürfnis, die schönen Dinge mit anderen zu teilen. Wenn Sie ohne Zurückhaltung und Hemmungen auf andere Leute zugehen, kann dies eine der spannendsten Phasen in Ihrem Leben sein. Denken Sie daran, dass Sie jetzt als eigenständige Person auftreten und mehr sind als die Hälfte eines Paares. Zeigen Sie, wer Sie sind!

Bleiben Sie dennoch kritisch bei der Auswahl der Menschen, die Sie in Ihren Freundeskreis aufnehmen wollen. Gehen Sie spielerisch und ungezwungen an die Sache heran. Testen Sie zum Beispiel, ob Sie eine Person wirklich attraktiv finden. Überlegen Sie, was Sie an ihr schätzen und was Ihnen nicht gefällt. Was andere über Sie denken, muss Sie dabei nicht interessieren! Denken Sie lieber darüber nach, welche Freundschaften Sie vertiefen wollen. Sie werden vielleicht überrascht feststellen, dass Sie mit einigen Menschen nicht viel gemeinsam haben, obwohl Sie gerade diese zu Beginn anziehend fanden. Doch ein, zwei hinterlassen bestimmt einen bleibenden Eindruck. Bleiben Sie am Ball und verabreden Sie sich wieder.

Aber überstürzen Sie nichts! Wenn Ihnen eine Frau gut gefällt und Sie spüren, dass es auf Gegenseitigkeit beruht, sollten Sie sie trotzdem nicht sofort mit Ihren Gefühlen überfallen. Umgekehrt gilt das Gleiche: Wenn sich eine Frau zu eifrig um Sie bemüht, sollten Sie sich ein wenig zurückziehen. Gehen Sie in sich, bevor Sie sich auf eine Beziehung mit ihr einlassen. Wenn Sie mit einer Frau allerdings schon im Bett waren, bevor geklärt ist, was beide Beteiligten eigentlich voneinander erwarten, kann es schwierig sein, sich danach wieder auf einer rein freundschaftlichen Ebene zu begegnen. Eine langsame Annäherung gilt übrigens als Ausdruck von Sensibilität – und es ist in der Tat auch etwas dran. Vielleicht sollten Sie erst einmal zusammen ins Kino gehen. Wählen Sie den Film aber gut aus. So mancher Action-Film eignet sich nicht für die erste Phase des Kennenlernens. Andererseits kann es sehr peinlich sein, zwei Stunden lang einen Sexfilm mit einer Frau anzusehen, die Sie gerade erst kennengelernt haben.

Verstellen Sie sich nicht

Es ist sehr wichtig, zu Beginn einer neuen Beziehung keine falschen Erwartungen zu wecken, sondern ehrlich zu sein. Wenn Sie mit großzügigen Einladungen Eindruck schinden wollen, dieses Niveau langfristig aber nicht halten können, wird Ihre Partnerin enttäuscht sein, wenn sie später erfährt, dass Ihr Geschmack zwar exklusiv ist, Ihr Einkommen aber eher bescheiden. Am Anfang einer Beziehung, die eine dauerhafte werden könnte, sollten Sie so offen wie möglich sein. Eine gute Kommunikation ist das A und O in einer Partnerschaft und sollte vom ersten Tag an stattfinden. Ersparen Sie der Frau Ihres Herzens übertriebenes Imponiergehabe. Zeigen Sie ihr von Anfang an Ihr wahres Gesicht. Wenn es ihr nicht gefällt, ist es besser, sie merkt es sofort. Wenn Sie ihr erst zu einem späteren Zeitpunkt zeigen, wer Sie wirklich sind, wird sie Ihnen mit Recht vorhalten, dass Sie sich verstellt haben. Außerdem macht Ihre Offenheit es Ihrer neuen Partnerin leichter, mehr von ihrer Person und ihren Gefühlen preiszugeben.

Vereinbarungen für die Beziehung festlegen

Wenn sich die Beziehung zu der neuen Frau in Ihrem Leben vertieft und sich herauskristallisiert, dass mehr daraus werden könnte, sollten Sie unbedingt klare Regeln für die Beziehung festlegen. Ein Eheberater in meinem Bekanntenkreis ist der Meinung, dass das Hauptproblem in heutigen Ehen darin besteht, dass es keine gegenseitigen Vereinbarungen für die Beziehung mehr gibt. Kaum jemand lebt heute noch nach den Regeln, wie sie früher bei der christlichen

Hochzeitszeremonie festgelegt wurden. Diese Regeln boten Orientierung vom Altar »bis dass der Tod euch scheidet« und es gibt heutzutage keinen gleichwertigen Ersatz für sie. Zwar feiern viele ihre Hochzeit nach alter Sitte, doch nur wenige Eheleute leben auch nach den damit verbundenen Regeln. Früher wusste man im Gegensatz zu heute genau, wann man einen Fehltritt begangen hatte.

Der genannte Eheberater empfiehlt Paaren, die heiraten oder eine langfristige Beziehung eingehen wollen, eigene Regeln festzulegen. Manche Menschen orientieren sich dabei an Grundsätzen der Bibel, anderen Paaren entsprechen eher weniger strenge Regeln. Mehr zu diesem Thema finden Sie in Kapitel 24.

Bereits in der Anfangsphase einer Beziehung sollten Sie viele offene und ehrliche Gespräche mit Ihrer Partnerin führen, in denen Sie möglichst viel übereinander erfahren und auch sehr persönliche Dinge nicht ausklammern. Ehrlichkeit und eine klare Kommunikation sind wichtig, um mögliche Schwierigkeiten zu erkennen, an denen die Beziehung oder eine Ehe letztlich scheitern kann. Es ist besser, frühzeitig auf grundsätzliche Probleme zu stoßen, die ein gemeinsames Glück unmöglich machen.

Ich kenne einen Fall, bei dem die Unfähigkeit des Ehemanns, seiner Partnerin ehrlich zu begegnen, zum Scheitern der Ehe führte, noch bevor sie richtig begonnen hatte: Die junge Frau wurde bald nach der Hochzeit schwanger. Doch noch bevor das Kind auf die Welt kam, hatte ihr Mann sie bereits verlassen, um eine langjährige homosexuelle Beziehung wieder aufzunehmen. Es gibt viele ähnliche traurige Fälle, in denen die Gründe für das spätere Scheitern schon zu Beginn vorhanden, aber nie thematisiert worden waren.

Ehrlichkeit ist der einzige Weg

Manche Menschen bezweifeln die Notwendigkeit, wirklich vollkommen ehrlich zueinander zu sein. Ihrer Meinung nach sollte jeder der Partner gewisse Geheimnisse bewahren. Natürlich gibt es kaum etwas Schöneres, als sich in einer neuen Beziehung auf Entdeckungsreise zu befinden und immer wieder auf Ungeahntes, Überraschendes zu stoßen. Ich selbst war schon eine Weile mit meiner Frau verheiratet, als ich sie eines Tages zufällig in der Dusche singen hörte – mit einer wunderschönen Sopranstimme. Sie hatte immer geglaubt, ihre Stimme klinge scheußlich, und deshalb beschlossen, nie in meiner Gegenwart zu singen – bis zu diesem Tag. Ich überredete sie dazu, Gesangsunterricht zu nehmen, und schon bald sangen wir miteinander und hatten großen Spaß dabei.

Solche Entdeckungen sind wunderbare Überraschungen. Andere, unliebsame Überraschungen können einer glücklichen Verbindung im Weg stehen. Man sollte ehrlich über die eigenen Gefühle sprechen sowie darüber, welchen Lebensstil man pflegt. Wenn Sie merken, dass Ihre Auffassungen zu unterschiedlich und Kompromisse nicht möglich sind, haben die Gespräche ihren Zweck erfüllt. Doch manchmal ist es gar nicht so schwer, einen Kompromiss zu erzielen. Ein früherer Freund von mir war ein fanatischer Segler, der jedes Wochenende auf seinem Boot verbrachte. Seine Verlobte hatte damit natürlich ein Problem, und beinahe hätten die beiden sich getrennt. Aber sie löste das Problem, indem sie selbst segeln lernte – mittlerweile ist sie mit derselben Leidenschaft dabei wie er. Ein anderer Freund von mir gab das Golfspielen auf und spielte stattdessen Tennis – ein Sport, den seine Frau ausgezeichnet beherrscht.

Die praktischen Seiten des Zusammenlebens klären

Natürlich sollte ein Paar noch grundsätzlichere Fragen klären, wenn es zusammenleben will. An erster Stelle steht hier wohl das Thema Kinder, denn eine Familiengründung lässt sich nicht mehr rückgängig machen. Hier geht es auch um das Glück von Menschen, die nicht gefragt werden! Wenn einer oder beide Partner bereits Kinder haben, stellt sich die schwierige Frage nach der Zusammenführung der Familien. In diesem Fall halte ich eine Familientherapie für überaus ratsam, denn die Belastungen, die in einer Patchworkfamilie auf die Stiefeltern zukommen, sind sehr groß. Kaum jemand kann sich die komplexen Probleme vorstellen, bevor er die Situation nicht selbst erlebt hat.

Außerdem müssen die Partner besprechen, wie sie sich ihre gemeinsame Zukunft vorstellen. Sie sollten wissen, was der andere braucht, um seine persönliche Erfüllung zu finden. Ich kenne viele Männer, die verwirrt und wütend reagieren, wenn ihre Frauen viel Zeit außer Haus verbringen, weil sie berufstätig sind. Es ist heute selbstverständlich, dass Frauen in der Lebensmitte wieder in einen Beruf einsteigen, wenn die Kinder allmählich flügge werden – und das ist auch gut so. Aber für einen Mann, der sich eine Frau »für Heim und Herd« wünscht, die sich in erster Linie um sein Wohl kümmert, kann das ein echter Schock sein. Finden Sie daher lieber gleich heraus, was Ihre Zukünftige plant, dann können Sie sich rechtzeitig darauf einstellen.

Für jeden Menschen ist es wichtig, genug Geld zu haben, doch es gibt große Unterschiede, wie viel jemand als »genug« erachtet. Unstimmigkeiten über Geld können ein schreckliches Streitthema in einer Beziehung sein und immer wieder zu heftigen Auseinandersetzungen führen. Ich glaube, für die meisten Frauen spielt Geld eine größere Rolle als für Männer. Frauen haben im Großen und Ganzen ein stärkeres Sicherheitsbedürfnis und gehen demzufolge weniger leichtsinnig mit Geld um. Nicht wenige Männer werden von ihren Frauen verlassen, wenn sie aufgrund finanzieller Verluste materiell auf einmal erheblich schlechter gestellt sind. So führte beispielsweise die Rezession Anfang der Neunzigerjahre zu vielen Geschäftsauflösungen und Betriebsverkleinerungen – und auch zu vielen Trennungen. In meinem eigenen Bekannten- und Kollegenkreis gibt es erschreckend viele Beispiele dafür. Den meisten Frauen scheint es schwerzufallen, einen Mann zu respektieren, der die Familie nicht mehr versorgen kann. Und wenn sie dann mitverdienen, kann das in vielen Fällen wiederum dazu führen, dass der Partner an Selbstvertrauen verliert.

Natürlich schiebt man all diese praktischen Erwägungen im ersten Rausch der neuen Liebe gerne beiseite – ganz nach dem Motto: »Es wird schon gut gehen.« Aber Sie wissen selbst genau, dass Beziehungen so nicht funktionieren. Nur wenn Sie bewusst dafür sorgen, dass die Partnerschaft grundsätzlich stimmig ist, wird sie auch langfristig halten. Und die Voraussetzung dafür ist eine intensive, offene und klare Kommunikation. Reden Sie miteinander!

■ **Kernpunkte**

- Ein neues Leben zu planen kann ein spannendes Abenteuer sein.
- Stürzen Sie sich nicht Hals über Kopf in eine neue Beziehung.
- Von Anfang an ehrlich zu sein trägt wesentlich zum Gelingen der Beziehung bei.
- Sprechen Sie über wichtige Themen wie Kinder, Karriere und Geld.

17 Beziehungsmodelle

Sonderbar bleibt, dass ein Mann,
Der sich um nichts auf der Welt Sorgen
Machen muss, hingeht und heiratet.

Fritz Reuter

Die konventionelle Ehe ist heute nicht mehr das einzig mögliche Modell für eine langfristige Beziehung. Die meisten Menschen betrachten das Zusammenleben ohne Trauschein als »Probezeit« vor der Ehe oder sogar als dauerhafte Alternative. Bei einem mit mir befreundeten Paar, das seit vielen Jahren glücklich zusammenlebt, haben beide Partner Angst davor zu heiraten, weil sie befürchten, die Beziehung, die jetzt ihrer Meinung nach sehr gut ist, könnte sich dadurch verändern. Diese Denkweise ist weit verbreitet. Wir haben doch alle schon von Fällen gehört, in denen sich ein Paar nach der Heirat trennte, obwohl es vorher eine langjährige und glückliche Beziehung ohne Trauschein geführt hatte.

Denken Sie über verschiedene Beziehungsmodelle nach, auch unkonventionelle, bevor Sie sich gegebenenfalls doch für das traditionelle entscheiden. Es gibt heute viele Formen von und Gestaltungsmöglichkeiten für Partnerschaften.

Ich kannte zum Beispiel einmal eine Familie, die in einer eher ungewöhnlichen Konstellation zusammenlebte: Der Ehemann, die Ehefrau, ihre gemeinsame Tochter sowie der Liebhaber der Frau wohnten im selben Haus. Das Mädchen entwickelte sich prächtig und ist heute glücklich verheiratet und Mutter. Man mag dieses Arrangement als sehr unkonventionell ansehen, ich denke aber, dass das Mädchen Glück hatte, in einer Umgebung aufzuwachsen, in der es sich der Liebe von drei Erwachsenen sicher sein konnte.

Es gibt auch etliche Paare, die in getrennten Wohnungen leben und sich gegenseitig besuchen. Ich kenne einen Mann, der in eine kleine Wohnung in der Nähe seiner Familie gezogen ist, um sein Bedürfnis nach mehr Platz und Ruhe mit seiner Liebe für seine Frau und Kinder vereinbaren zu können. Alle Beteiligten sind mit dieser Lösung zufrieden. Natürlich muss man gut verdienen, um sich ein solches Lebensmodell leisten zu können.

Eine Bekannte von mir war jahrelang die Geliebte eines angesehenen und reichen Mannes, der für sie ein eigenes Haus in seiner Nähe bauen ließ. Er verbrachte die Nächte bei ihr, lebte aber allein in seinem eleganten Junggesellenhaushalt, wo er oft auch Gäste empfing. Er gehörte ganz der »alten Schule« an und legte viel Wert auf den äußeren Schein. Der Hauptgrund für sein Doppelleben bestand darin, dass er den »guten Ruf« der Frau schützen wollte. Damals spielten solche Dinge noch eine große Rolle. Er ging sogar immer erst im Dunkeln zu seiner Geliebten und verließ ihr Haus auch im Dunkeln wieder, um sie vor einem Skandal zu bewahren. Als er starb, hinterließ er ihr ein Vermögen. Die Frau erzählte mir, dass sie eine sehr glückliche Beziehung geführt hatten, die auf großer Zuneigung und Vertrauen basierte und immerhin zwanzig Jahre hielt.

Vermutlich heiraten viele Menschen heute immer noch, weil eine Ehe der Konvention entspricht und weil sie vielleicht gar nicht über Alternativen nachgedacht haben. Ich weiß aus eigener Erfahrung, dass mir Alternativen zur Ehe als nicht realisierbar erschienen, als ich nach zwanzig glücklichen Ehejahren plötzlich Witwer geworden war. Mittlerweile weiß ich, dass ich meine erste Ehe so weit wie möglich wiederholen wollte. Außerdem erwarteten meine künftigen Schwiegereltern ein klares Bekenntnis von mir. Und dazu kam natürlich der Wunsch nach stabilen, geordneten Verhältnissen für meine Kinder. Leider wurde keiner meiner Wünsche auf lange Sicht erfüllt, denn die Ehe ging schief. Ich glaube, sie scheiterte hauptsächlich deshalb, weil sie von Anfang an auf falschen Vorstellungen basierte.

Erörtern Sie gemeinsam mit Ihrer neuen Partnerin die vielen Gestaltungsmöglichkeiten für Ihre Beziehung. Es gibt dabei nur eine goldene Regel: Der gewählte Weg muss für beide Seiten vollkommen akzeptabel sein. Wie Außenstehende Ihr Arrangement finden, sollte Sie erst an zweiter Stelle interessieren. In erster Linie muss es für Sie beide stimmig sein, sonst können Sie andere ohnehin nicht von Ihrem Modell überzeugen. Natürlich dürfen die Interessen vorhandener Kinder nicht außer Acht gelassen werden. Dabei sollten Sie aber davon ausgehen, dass Kinder heutzutage an unkonventionelle Lösungen gewöhnt sind und es sehr unwahrscheinlich ist, dass sie von ihren Freunden schief angesehen werden, weil sie in einer ungewöhnlichen Familienkonstellation leben.

Nutzen Sie die Chance, über mögliche Beziehungsformen nachzudenken, unbedingt. Überlegen Sie, was für Sie selbst und Ihre neue Partnerin am besten ist und sprechen Sie offen und ausführlich mit ihr darüber. Seien Sie sich dabei auch im Klaren, dass die neue Beziehung in keiner Weise so sein wird wie die alte. Versuchen Sie erst gar nicht, diese in irgendeiner Form zu wiederholen, denn das wird nur zu Enttäuschungen führen. Stellen Sie sich lieber darauf ein – besonders nach einer langjährigen und glücklichen Beziehung –, sich von einigen Überzeugungen und vorgefassten Meinungen zu lösen. Eine jüngere Partnerin wird Ihnen wahrscheinlich neue Vorstellungen und Ideen unterbreiten, und wenn Sie glücklich werden wollen, sollten Sie ihr gut zuhören und offen für ihre Anregungen sein.

Wenn Ihre neue Partnerin Kinder hat, sollten Sie über Ihre Rolle als Stiefvater nachdenken und sie bewusst gestalten. Es erfordert besonders viel Sensibilität und Belastbarkeit, wenn man sich um die Kinder eines anderen Mannes kümmert. Und Sie sollten ferner bedenken, dass Kinder ein Störfaktor für eine junge Beziehung sein können. Für einen Stiefvater gibt es viele Klippen, die er in der neuen Familie umschiffen muss. Mehr zu diesem Thema finden Sie in Kapitel 20.

■ Kernpunkte

- Es gibt eine Reihe von Gestaltungsmöglichkeiten für eine Beziehung.
- Eine Entscheidung für ein bestimmtes Modell ist richtig, wenn es für beide Partner stimmig ist.

18 Leidenschaft

Du bist mein Leben, meine Liebe, mein Herz.
Fürwahr meine Augen:
Und gebietest jedem Teil,
Ob er für dich leben oder sterben soll.

Robert Herrick

Die leidenschaftliche Liebe hat Dichter inspiriert, seit die Sprache erfunden wurde. Doch die meisten großen Liebesgeschichten der Literatur enden leider tragisch. Im wirklichen Leben scheint sich immer wieder zu bestätigen, dass der Höhenflug einer leidenschaftlichen Liebe meistens eine Kehrseite hat, die aus Verzweiflung und Einsamkeit besteht.

Die Griechen beschrieben zwei unterschiedliche Formen der Liebe: »Eros« war die leidenschaftliche Liebe, und »Agape« bezeichnete die ruhigere, auf Freundschaft und Vertrauen basierende Liebe in einer engen Beziehung.

Es gibt unendlich viele Bücher und Filme, die uns vorgaukeln, wir alle könnten unser Glück in einer romantischen Liebe finden. Daraus ziehen manche Menschen fälschlicherweise den Schluss, eine leidenschaftliche Liebe führe automatisch zu einer dauerhaften, beglückenden Beziehung.

Leidenschaft – ein zweischneidiges Schwert?

In Wirklichkeit ist die Leidenschaft ein Gefühl, das genauso aus Leid besteht wie aus Freude. Zu den höchsten Höhen schwingt sich nur auf, wer auch die tiefsten Tiefen durchlebt. Und die Tiefen können einen verschlingen, zerstören und tödlich sein. Nicht selten schlägt leidenschaftliche Liebe um in leidenschaftlichen Hass.

Dann sind Gefühle wie Wut, Eifersucht, Angst, Frustration und Verzweiflung stärker als der gesunde Menschenverstand und setzen uns vollkommen außer Gefecht. Manche Männer fühlen sich in dieser Situation buchstäblich entmannt.

Trotz alledem – die meisten von uns fühlen sich nach einer Trennung alleine und einsam und sehnen sich nach einer neuen Liebesbeziehung. Sie kommen sich manchmal vor wie ein halber Mensch, der seine andere Hälfte sucht. Zumal man uns allenthalben das Ideal der romantischen Liebe suggeriert. Die Verleger von Groschenromanen machen gute Geschäfte damit, und schon als Kinder hörten wir Geschichten, die mit »… und sie lebten glücklich bis ans Ende ihrer Tage« endeten. Aber können wir tatsächlich erwarten, dass das im wirklichen Leben passiert? Machen wir uns Illusionen, wenn wir auf die Traumfrau warten, anstatt uns mit dem »Mädchen von nebenan« (oder – im reiferen Alter – wohl eher mit der »Geschiedenen von nebenan«) zufriedenzugeben?

Für mich ist die leidenschaftliche Liebe nur eine Facette eines leidenschaftlichen Lebens. Wer völlig bar jeder Leidenschaft ist, kann kein erfülltes Leben führen. Wir sollten daher versuchen, alle Bereiche unseres Lebens, die uns Spaß machen, in ihrer Fülle auszukosten. Eine beiderseitige Leidenschaft etwa für das Wandern oder die Musik von Bach ist in einer langfristigen Beziehung genauso wichtig wie leidenschaftlicher Sex.

Und all diejenigen, die weniger leidenschaftlich veranlagt sind, werden ihr Glück in einer ruhigeren Beziehung finden, die auf Freundschaft und Vertrauen basiert.

Pragmatismus und Leidenschaft – ein ungleiches Paar?

Bevor wir uns in die nächste Beziehung stürzen, sollten wir kurz innehalten und uns Gedanken über unsere Erwartungen an die neue Partnerin und die künftige Beziehung machen. Selbst wenn die sexuelle Anziehung eine große Rolle spielt (und ich sage nicht, dass das negativ ist), gibt es andere, nicht unwichtige Kriterien. Natürlich müssen wir mit Blick auf eine langfristige Beziehung auf viele Aspekte achten – und diese sehen für jeden Menschen ein bisschen anders aus –, aber meiner Meinung nach gibt es vier wesentliche Punkte:

- klar benannte gemeinsame Ziele
- Einigkeit über den Lebensstil
- absolutes Vertrauen und Respekt füreinander
- Spaß am Sex auf beiden Seiten

Manche Leute halten gemeinsame Interessen für ebenso wichtig. Ich glaube allerdings nicht, dass sie so bedeutend sind wie die vier genannten Punkte. Andere befürchten, dass ein großer Altersunterschied oder kulturelle Verschiedenheit Probleme verursachen könnten. Doch auch das lässt sich nicht verallgemeinern. Meine eigene Erfahrung hat mich gelehrt, dass diese Unterschiede oft eine positive Spannung in eine Beziehung hineinbringen – vorausgesetzt, die Partner sind sich bezüglich der genannten Kriterien einig.

Selbst wenn die »Anforderungsprofile« individuell sehr verschieden sind: Eine einzige goldene Regel kann man aber zu Beginn jeder Beziehung aufstellen: Probleme, die künftig zu ernsten Konflikten führen können, sollte man auf keinen Fall ignorieren.

Das größte Problem ist in vielen Fällen der Sex. Wenn es in einer neuen Beziehung hier von Anfang an nicht stimmt, führt das früher oder später zu ernsthaften Problemen.

Man hört immer wieder von Beziehungen, die bereits nach wenigen Wochen scheitern, weil einer der Partner mit für ihn inakzeptablen sexuellen Praktiken konfrontiert wurde oder weil einer der beiden einfach keinen Spaß am Sex hatte. Zwei Paare in meinem Bekanntenkreis erzählten mir, sie hätten seit Jahren nicht mehr miteinander geschlafen. Ein Paar hat seit der einzigen Schwangerschaft der Frau keinen Sex mehr gehabt – und das seit zwanzig Jahren. Wir sind anfänglich oft sehr optimistisch und glauben, dass es mit dem Sex langfristig schon klappen wird. Doch meistens verschlimmern sich die Schwierigkeiten im Laufe der Zeit, und dann ist professionelle Hilfe dringend angeraten. Nutzen Sie Beratungsangebote, wenn Sie entsprechende Probleme nicht selbst ausräumen können. Für die meisten Paare ist eine Beratung sehr hilfreich.

■ **Kernpunkte**

- Leidenschaft hat genauso viel mit Leid zu tun wie mit Freude.
- Eine leidenschaftliche Beziehung wird nicht lange halten, wenn sie keine stabile Basis hat.
- Einigkeit in Alltagsdingen sorgt für ein Gleichgewicht in der Beziehung.
- Verpflichten Sie sich zu nichts, wenn es Probleme beim Sex gibt.

19 Eltern sein

Die Stimme der Kinder,
Wild vor Verzweiflung,
Sicher wird sie zurückkommen.

Matthew Arnold

Seit den Achtzigerjahren ist in Australien und vielen anderen westlichen Gesellschaften folgendes Phänomen zu beobachten: Immer mehr Männer übernehmen die Rolle des alleinerziehenden Vaters. Das Thema soll hier wenigstens kurz zur Sprache kommen, da künftig voraussichtlich immer mehr Männer nach der Trennung diesen Part übernehmen werden.

John Wilson, den ich schon an anderer Stelle zitiert habe, ist Sozialarbeiter und alleinerziehender Vater von zwei Kindern. Er hat ein faszinierendes und sehr persönliches Buch über die Situation alleinerziehender Väter in Australien geschrieben. Darin präsentiert er die Resultate seiner Studie, an der über achtzig alleinerziehende Väter teilnahmen.

Das wichtigste Ergebnis ist die Erkenntnis, dass viele Männer ihre Rolle als Alleinerziehende als ausgesprochen befriedigend und lohnend empfinden. Doch viele sind auch frustriert über die offensichtliche Diskriminierung, die sie als erziehender Elternteil immer wieder erleben. Gerichte und Jugendämter sind immer noch der Meinung, Mütter seien in jedem Fall besser für die Erziehung der Kinder geeignet. Im Grunde überrascht das nicht, denn die traditionellen Rollen der »Mutter für den Haushalt« und des »Vaters für den Unterhalt« wurden viele Generationen lang nicht infrage gestellt. Doch das ändert sich mittlerweile gewaltig.

Alleinerziehende Väter zwischen Herausforderung und Glück

Wie erwähnt, gibt es seit etwa zwanzig Jahren vermehrt alleinerziehende Väter, und so stellt sich die Frage, warum das so ist. Der Australier Hugh Mackay hat die Antwort in einer Rede über die »Pioniergesellschaft« auf den Punkt gebracht: »Wir haben die Geschlechterrollen im Zuge der Frauenbewegung neu definiert. Das Phänomen der ›arbeitenden Mutter‹ drückt diese Revolution am stärksten aus: Heute arbeiten fast zwei Drittel aller Mütter von kleinen Kindern in Voll- oder Teilzeit außer Haus.«

Grundsätzlich werden Mütter immer noch als die besseren Erzieherinnen angesehen, doch diese Einstellung hat sich in den vergangenen Jahren gewandelt und auch juristische Konsequenzen gehabt. Mitterweile gibt es auch immer mehr Männer, die nach der Trennung die Rolle des Alleinerziehenden übernehmen möchten. In manchen Familien ergibt sich diese Rollenverteilung von selbst, weil der Vater arbeitslos ist und die Mutter genügend verdient, um den Unterhalt für die Kinder zu bezahlen. Diese Umkehrung der Rollen macht manchen Männern ziemlich zu schaffen. Auf der anderen Seite sind viele Männer sehr glücklich darüber, ihre Kinder allein zu erziehen, weil sie gerne eine enge Beziehung zu ihnen haben und behalten möchten.

Meine eigene Erfahrung als alleinerziehender Vater war vergleichsweise untypisch, da ich eine Haushaltshilfe einstellte, die bei uns wohnte und Vollzeit für uns arbeitete. Dieses Modell verursachte allerdings fast genauso viele Probleme, wie es löste. Ich war ständig in Sorge darüber, ob diese Frau bei meinen drei kleinen Kindern auch alles richtig machte. In dieser Zeit war ich auch dauernd auf der Suche nach Kompromissen: Ich versuchte die Anforderungen meines Jobs zu erfüllen, wünschte mir aber gleichzeitig mehr Zeit für meine Kinder und wollte auch meine eigenen sozialen Kontakte nicht ganz vernachlässigen. Es gab damals tatsächlich gute Gründe, eine neue Ehe einzugehen. Ich hoffte, mein Familienleben würde sich dadurch wieder normalisieren.

Die Heirat löste nach mehreren Jahren eines Lebens im Chaos in der Tat einige Probleme. Ich war eine Beziehung mit einer Kollegin eingegangen, die nicht nur attraktiv und klug war, sondern auch eine wunderbare Gastgeberin und Familienmanagerin. Darüber hinaus hielt sie mir den Rücken frei für meine Arbeit. Leider erkannte ich zu der Zeit nicht, welch riesige Aufgabe ich ihr aufgebürdet hatte. Ich wünschte, ich hätte damals so viel über die schwierige Rolle von Stiefeltern gewusst wie heute.

Rückblickend glaube ich, es wäre besser gewesen, ich hätte die Elternrolle nicht so weitreichend delegiert. Im Nachhinein ist man immer schlauer, aber ich denke, ich hätte damals freiberuflich von zu Hause aus arbeiten sollen. Mit etwas Hilfe bei der Hausarbeit hätte ich weiterhin genug verdient und gleichzeitig die Erziehung der Kinder selbst übernommen. Ich blicke nicht mit einem Gefühl der Reue zurück – denn es ist immer gut, aus der Vergangenheit zu lernen. Aber ich möchte betonen, dass ein Mann, der die Rolle des Alleinerziehenden übernimmt, früher oder später reichlich dafür entschädigt wird.

Männer, die die Doppelrolle als Verdiener und Alleinerziehender innehaben, stehen vor einer großen Herausforderung. Ein Bekannter von mir ist seit Jahren in dieser Situation: Er ist immer erschöpft und hat kaum Freunde und Bekannte. Doch er will weitermachen, bis die Kinder groß genug sind und er wieder mehr Freiheiten hat. Bisher hat er seine Entscheidung nicht angezweifelt und genießt die Zeit mit seinen Kindern enorm. Er will ihre Erziehung auch keinesfalls abgeben. »In ein paar Jahren, wenn die Kinder mich nicht mehr brauchen, kann ich wieder über eine Beziehung nachdenken«, sagte er mir.

In der Regel müssen alleinerziehende Väter zudem mit

dem Besuchsrecht der Mutter oder auch mit einem gemeinsamen Sorgerecht klarkommen. Häufig führt das über die anstrengende Kindererziehung hinaus zu erheblichen Problemen. Schon oft bin ich Zeuge von seelischer Grausamkeit geworden, die Eltern in ihrer Wut sich gegenseitig zufügen und die verheerende Auswirkungen auf die Kinder haben kann. Die Konflikte führen in vielen Fällen auch dazu, dass die Kinder merken, wie verwundbar ihre Eltern sind, und dann beginnen, sie zu manipulieren. Umgekehrt kann es auch sein, so berichteten mir jedenfalls einige Väter und Mütter, dass die Kinder nach ihren Besuchen beim anderen Elternteil eine Woche lang völlig verstört sind. Und wenn sie sich dann gerade wieder einigermaßen erholt haben, steht bereits der nächste Besuch an. Ein Paar löste das Problem folgendermaßen: Die Besuche fanden seltener statt, dauerten dafür aber länger.

Murray und seine Exfrau haben das gemeinsame Sorgerecht für ihr einziges Kind. Der zehnjährige Sohn verbringt jeweils eine Woche bei ihm und eine bei ihr. Diese Lösung scheint ihn ziemlich durcheinanderzubringen, weil er nicht mehr weiß, wohin er gehört. Murray erzählte mir: »Wenn er bei mir ist, ist er schlecht drauf. Offensichtlich fühlt er sich hier nicht wohl. Das Komische ist aber, dass es bei seiner Mutter nicht anders ist.«

Trotz aller Probleme, die man als alleinerziehender Elternteil hat, wird man reich belohnt, wenn man sich mit Mut, Liebe und Überzeugung an diese Aufgabe macht. Unsere Kinder sind ohnehin nur sehr kurz bei uns. Doch leider erkennen wir das oft erst, wenn sie aus dem Haus sind. Ich beneide alle Eltern, die ihre Kinder beim Heranwachsen intensiv begleiten konnten. Bindungen, die sich früh entwickeln, sind sehr stark, und sie halten ein Leben lang.

Kernpunkte

- Ein alleinerziehender Vater zu sein, ist eine große Herausforderung, aber eine lohnende.
- Die Zeit, die Sie mit Ihren Kindern verbringen, ist von unschätzbarem Wert – für Sie und die Kinder.
- Gemeinsames Sorgerecht kann sehr viele Probleme verursachen. Beide Eltern müssen voll hinter dem Modell stehen, damit es funktioniert.

20 Stiefvater sein

Ein Mensch,
Der Hunde und Kinder hasst,
Kann nicht ganz schlecht sein.
W. C. Fields

Die schwierigste Rolle in einer neuen Ehe oder Beziehung ist wohl die des Stiefelternteils. Kinder können das junge Glück erheblich stören und für reichlich Konfliktstoff sorgen. Das gilt selbst für ganz normale Familien mit zwei leiblichen Eltern. Wenn nun auch noch ein Elternteil durch einen Stiefvater oder eine Stiefmutter ersetzt wird, kann das – allerdings nicht zwangsläufig – zu großem Kummer führen. Die Gefühle von Loyalität und Zuneigung, die Kinder ihren leiblichen Eltern entgegenbringen, sind extrem stark und dauerhaft, sodass sich das Sprichwort »Blut ist dicker als Wasser« auch hier zu bestätigen scheint. Besonders Väter können völlig versagen und sich trotzdem der Gefühle ihrer Kinder sicher sein. Wenn also ein neuer Mann in die Familie kommt und die Vaterrolle übernimmt, muss er sich meistens sehr bemühen, überhaupt erst einmal akzeptiert zu werden. Häufig wird die Situation noch zusätzlich dadurch verschärft, dass es zu einem Konkurrenzkampf um die Aufmerksamkeit und die Gefühle der Mutter kommt.

Kinder können eine Beziehung zerstören

Ein Bekannter von mir war ein gewalttätiger Alkoholiker. Er schlug seine Frau und beschimpfte seine Kinder fürchterlich. Eines Tages kam er nach einer Sauftour nicht mehr nach Hause und brachte die Ehe so zu einem abrupten

Ende. Obwohl die Kinder sehr unter seinen Wutausbrüchen gelitten hatten, fragten sie schon bald nach ihrem Vater, gaben der Mutter sogar die Schuld an seinem Verschwinden. Später ging die Frau eine neue Beziehung ein. Doch als ihr Partner bei der Familie einziehen und sich um die Kinder kümmern wollte, vereitelten diese seine Absichten mit ihrer offenen und aggressiven Feindseligkeit. Obwohl sie alt genug waren zu verstehen, dass eine Rückkehr des Vaters nur wieder zu Misshandlungen geführt hätte, erlaubten sie keinem anderen Mann, seinen Platz einzunehmen.

Zu offenen Aggressionen kommt es zwar selten, doch Kinder können auch sehr manipulativ sein. Selbst die bravsten Kinder merken schnell, wie sie die veränderte Dynamik innerhalb der Familie ausnützen können. Dabei wird der neue Stiefvater häufig als willkommenes Opfer gesehen.

Ein Freund von mir stellte fest, dass seine Ehe stark durch die übermäßige Aufmerksamkeit gefährdet war, die seine Stieftochter ihm entgegenbrachte und die seine Frau immer wieder zu Eifersuchtsszenen trieb. Glücklicherweise war das Paar klug genug, eine Therapie zu machen, mit deren Hilfe der Familienfrieden wiederhergestellt werden konnte.

Das alles mag für einen angehenden Stiefvater ziemlich beängstigend klingen. Aber er sollte sich nicht abschrecken lassen, denn es gibt andererseits auch viele Fälle, in denen der Stiefvater ganz wunderbar in seine neue Rolle hineinwuchs und von der ganzen Familie viel Zuneigung erfuhr. Im Extremfall kann es sogar sein, dass ein Mann mit seinen Stiefkindern besser auskommt als mit seiner neuen Partnerin: Ein Freund von mir etwa ist zwar ungemein erleichtert, dass er seiner zweiten Ehe mit einer dominanten Frau entkommen ist, aber gleichzeitig vermisst er seine Stiefkinder sehr.

Eine Beziehung zu den Stiefkindern entwickeln

Die Beziehung zwischen Stiefvater und Stiefkindern kann sehr intensiv sein und ein Leben lang halten. Viele Frauen in meinem Bekanntenkreis schätzen ihren Stiefvater sehr, und auch viele Männer sagen über ihren Stiefvater, er sei ein toller Kumpel gewesen.

Für die Entwicklung einer guten Beziehung muss der Stiefvater keineswegs den Platz des leiblichen Vaters einnehmen. Wichtiger ist, dass alle Beteiligten sich wirklich mögen und gegenseitig respektieren. Natürlich wird die Rolle des Stiefvaters zu einem gewissen Grad vom Alter der Kinder bestimmt. Kleinere Kinder akzeptieren den Stiefvater eher in der Vaterrolle als größere. Ältere Kinder tun sich leichter, wenn der neue Mann die Rolle eines großen Bruders einnimmt. Dies hat außerdem den Vorteil, dass von ihm nicht so viel elterliche Autorität gefordert wird, was wesentlich zum Erhalt des Familienfriedens beiträgt. Den meisten Männern scheint der Umgang mit Stieftöchtern übrigens leichter zu fallen als mit Stiefsöhnen.

Jeder Stiefvater muss akzeptieren, dass die Mutter ihren Kinder gegenüber instinktiv eine starke Beschützerrolle einnimmt. So wird sie sich immer wieder auf die Seite der Kinder stellen, was wiederum zu Konflikten zwischen den Partnern führen kann. Sowohl die Mutter als auch der Stiefvater müssen sich darüber im Klaren sein, dass Kinder einen enormen Druck auf die Partnerschaft ausüben können, selbst wenn sie sich dessen nicht bewusst sind.

Eine goldene Regel lautet: Keine Diskussion über Grundsatzfragen vor den Kindern. Kluge Eltern beißen sich lieber auf die Zunge und heben sich heikle Themen für ein Gespräch unter vier Augen auf. Wenn Kinder, egal welchen Alters, merken, dass es Meinungsverschiedenheiten bei den Erwachsenen gibt, müssten sie schon wahre Engel sein, um die Situation nicht für ihre eigenen Zwecke auszunutzen.

Natürlich ist die Dynamik in jeder Familie unterschiedlich, und wie auch immer die Zusammensetzung aussehen mag – Stiefsöhne, Stieftöchter, jüngere oder ältere Kinder –, es gibt kein allgemeingültiges Rezept für ein harmonisches Miteinander. Aber eins lässt sich mit Sicherheit feststellen: Es ist eine echte Herausforderung, Stiefvater zu sein.

Es gibt viele gute Therapieangebote, die Ihnen dabei helfen, Ihre neue Rolle verstehen und ausfüllen zu lernen. Sie können sich damit viel Kummer ersparen. Es erfordert viel Verständnis und Mitgefühl, damit die neue Familie funktioniert, aber auch eine klare Definition der Rollen ist sehr wichtig. Dieses Thema ist eins von vielen, die in einem Partnerschaftsvertrag geregelt werden sollten (s. a. Kapitel 24).

■ Kernpunkte

- Es ist eine echte Herausforderung, ein guter Stiefvater zu sein.
- Kinder können eine neue Beziehung erheblich stören oder sogar zerstören.
- Viele Stiefväter haben innige Beziehungen zu ihren Stiefkindern.
- Sie müssen die »Hausordnung« kennen und sich daran halten, um ein guter Stiefvater zu sein.
- Suchen Sie sich professionelle Hilfe, wenn Sie in Ihrer Rolle als Stiefvater Probleme haben.

21 Menschen mit Helfersyndrom

Bei jedem verheirateten Paar ist
Mindestens einer der Partner ein Narr.
Henry Fielding

Charles und Joy sind seit über dreißig Jahren verheiratet, und ich kenne sie fast ebenso lange. Sie wirkten auf mich immer wie liebevolle Menschen und schienen eine glückliche Familie sowie einen großen Freundeskreis zu haben. Es war immer sehr lustig mit ihnen, und in all den Jahren habe ich nie erlebt, dass sie etwas Böses zueinander oder übereinander gesagt haben.

Erst vor Kurzem erfuhr ich, dass Charles schon seit vielen Jahren Alkoholiker ist. Joy hat ihn die ganze Zeit vor der Welt beschützt und ist selbst eine Expertin darin geworden, das Problem zu leugnen – die Kinder machen das übrigens genauso. Charles ist vom Alkohol abhängig, und Joy ist das, was die Psychologen eine Co-Abhängige nennen. Durch ihr Verhalten fördert sie die Abhängigkeit ihres Partners, da sie seine Sucht ermöglicht. Joy gehört zu den zahlreichen Menschen mit einem Helfersyndrom.

Worin besteht das Helfersyndrom?

Menschen mit Helfersyndrom sind ein eigenes Thema in der Psychologie. Offenbar übernehmen sie ihre Helferrolle schon in jungen Jahren innerhalb der Familie. Generell kann man sagen, dass sie ihr Selbstwertgefühl daraus beziehen, von anderen gebraucht zu werden.

Nicht nur Alkoholiker ziehen Menschen mit Helfersyndrom an. Auch hypochondrisch veranlagte Menschen haben oft Partner, die ihr ganzes Leben lang die eingebildeten Leiden des anderen fördern. Aufgrund ihrer Unterstützung besteht für die Betroffenen keine Notwendigkeit, etwas gegen ihre Leiden zu unternehmen. Drogensüchtige und Menschen mit Essstörungen, Spielsucht oder anderen Süchten suchen sich häufig einen Co-Abhängigen, der bereitwillig ihre mangelnde Stärke ausgleicht. In gewisser Weise sind deshalb beide Partner Süchtige.

Menschen mit Helfersyndrom fühlen sich instinktiv zu Partnern hingezogen, die ihre aufopferungsvolle Unterstützung brauchen. Scheitert eine Beziehung, suchen sie sich meist wieder einen abhängigen Partner. Ich kenne eine Frau, die drei Mal verheiratet war – jedes Mal mit einem Alkoholiker. Ihr Vater war ebenfalls Alkoholiker. Es scheint ein verbreitetes Muster bei Co-Abhängigen zu sein, dass ihnen diese Rolle schon als Kind in der Familie zugewiesen wird und sie ihr Leben lang nicht davon loskommen.

Das Helfersyndrom – ein Spiel, bei dem alle verlieren

Das Helfersyndrom wirkt sich letzten Endes für alle Beteiligten negativ aus. Es ist unbefriedigend für die Helfenden, weil es sie davon abhält, selbst ein erfülltes Leben zu führen. Sie konzentrieren sich meistens so stark auf den abhängigen Partner, dass sie keine Kraft mehr für sich selbst oder andere Menschen haben. Auch für den abhängigen Partner ist die Situation unbefriedigend, da ihm die Möglichkeit genommen wird, von seiner Sucht loszukommen. Das Tragische ist, dass der Helfende es langfristig nicht schafft, dem Süchtigen zu helfen, sondern das Problem noch verschlimmert, weil er den anderen gewissermaßen in seinem Verhalten unterstützt. Ein Alkoholiker kann sich nicht von seiner Sucht befreien, solange der Helfende durch das konsequente Verleugnen der Situation einen Schutzschild um ihn herum aufbaut und ihn »beschützt«.

Die größte Tragik besteht für den hingebungsvoll Helfenden darin, dass der Abhängige ihn früher oder später ablehnen und verachten wird. Nicht selten ist dabei Gewalt im Spiel und bestenfalls kommt es zur Trennung.

Die folgende Geschichte ist typisch für diese Problematik: Richard war seit seinem zwanzigsten Lebensjahr Alkoholiker. Trotz seiner Sucht war er beruflich sehr erfolgreich, was in erster Linie der Unterstützung seiner Frau zu verdanken war. Sie schaffte es, nach außen hin so zu tun, als wären sie eine völlig normale Familie.

Nach zwanzig Ehejahren verließ Richard ohne jegliche Vorwarnung und Erklärung seine Familie und nahm eine Stelle im Ausland an. Seine Frau war schockiert und verzweifelt, dass er sie und die Kinder nach so vielen Jahren einfach sitzen ließ. Sie fühlt sich heute noch betrogen. Richard hingegen beschreibt seinen Weggang als Flucht aus »den Ketten der Abhängigkeit«. Die aufopferungsvolle Unterstützung seiner Frau konnte ihn nicht von seiner Sucht befreien und verwandelte auch ihr eigenes Leben in einen Scherbenhaufen, von den Kindern ganz zu schweigen, die vermutlich ihr ganzes Leben lang darunter leiden werden. Eines der Kinder ist gerade mal ein Teenager und bereits auf dem besten Wege dazu, Alkoholiker zu werden.

Wenn Sie im Begriff sind, sich auf eine neue Beziehung einzulassen, sollten Sie unbedingt vorher darüber nachdenken, welche Rolle Ihnen zugeteilt werden könnte. Überlegen Sie, welchen Part Sie in Ihren bisherigen Beziehungen innehatten und ob Sie diesen wieder übernehmen möchten. Neigen Sie dazu, in alte Muster zu verfallen? Wenn Sie früher schon »ein Helfer« waren – möchten Sie jetzt wieder einer sein? Oder suchen Sie sich stets Partnerinnen, die eine Helferrolle übernehmen und ihre Aufgabe darin sehen, Sie zu unterstützen und die Verantwortung für Sie zu übernehmen?

Vielleicht wünschen Sie sich tatsächlich eine Beziehung mit dieser Rollenverteilung. Dann sollten Sie sich aber im Klaren darüber sein, was Sie erwartet. Ihr emotionales Gleichgewicht ist gefährdet, wenn Sie die Zeichen einer Abhängigkeit/Co-Abhängigkeit nicht rechtzeitig erkennen. Es kann lange dauern, bis Sie merken, worauf Sie sich eingelassen haben, und dann ist es meistens sehr schwierig, das Beziehungsmuster zu verändern.

Helfersyndrom und gegenseitige Fürsorge

Man muss das Helfersyndrom natürlich von echter Fürsorge unterscheiden. Die gegenseitige Fürsorge ist ein wichtiger Bestandteil einer guten Beziehung und durchweg positiv zu bewerten. Das Helfersyndrom dagegen ist vollkommen einseitig. Beiderseitige Fürsorge wird von beiden Partnern stillschweigend vorausgesetzt und kommt spontan zum Einsatz. Beide Partner sind in der Lage, den anderen je nach Bedarf zu unterstützen oder seine Hilfe anzunehmen.

Ich habe ein in meinen Augen ziemlich perfektes Paar gefragt, wie sie sich erklären, dass sie beide so starke und unabhängige Persönlichkeiten sind. Sie antwortete: »Wenn es Brian schlecht geht, muss ich gut drauf sein. Wenn es mir schlecht geht, ist er einfach wundervoll.« Genau darum geht es bei der gegenseitigen Fürsorge.

In Ihrer nächsten Beziehung sollten Sie sich nicht in eine Helferrolle drängen lassen. Auch wenn Sie zunächst das Gefühl haben, wichtig zu sein und gebraucht zu werden – letztlich hindern Sie Ihre neue Partnerin daran, sich weiterzuentwickeln und zu wachsen. Von Ihrer eigenen Persönlichkeitsentwicklung ganz zu schweigen. Und ebensowenig sollten Sie Ihrer Partnerin erlauben, Ihre Helferin zu werden. Wir alle sind auf dieser Welt, um unser Schicksal selbst zu meistern. Das kann kein anderer für uns tun.

■ **Kernpunkte**

- Beim Helfersyndrom geht es um Abhängigkeit und Co-Abhängigkeit.
- Sowohl der Abhängige als auch der Co-Abhängige ist gewissermaßen süchtig.
- Sie sollten beide Rollen in einer neuen Beziehung meiden.
- Es gibt keine Gewinner beim Helfersyndrom.

22 Frauen kennenlernen

Ich werde dir Broschen machen
Und Spielzeug, um dich zu erfreuen
Aus Vogelgesängen am Morgen
Und dem Leuchten der Sterne bei Nacht.

Robert Louis Stevenson

Viele alleinstehende Männer begeben sich von Zeit zu Zeit ganz bewusst auf Frauensuche. Motiviert werden sie dabei von ihrer Einsamkeit oder dem dringenden Bedürfnis nach Sex oder dem Gefühl, ein Außenseiter unter all ihren verheirateten Freunden zu sein. Dabei wenden sie in der Regel eine gezielte Such- und Verführungsstrategie an.

Diese Strategie ist natürlich von Mann zu Mann und je nach Situation unterschiedlich. Viele junge Männer gehen ganz altmodisch vor: Sie schenken Blumen und laden zum Essen bei Kerzenschein ein. Die meisten reiferen Männer schrecken vor zu viel Romantik zurück, weil sie nicht für naiv gehalten werden wollen. Männer, die schon oft auf der Suche waren, geben sich äußerlich gerne gleichgültig, um den Eindruck zu erwecken, völlig desinteressiert zu sein. Kluge Frauen durchschauen jedoch das Spiel und gehen richtig damit um: Entweder sie ignorieren die aufgesetzte Gleichgültigkeit oder sie versuchen langsam, den Graben zu überbrücken. Wie auch immer Sie die Suche angehen – machen Sie sich bewusst, dass Sie »auf der Balz« sind.

Das richtige »Marketing«

In der Regel verändert ein Mann, der sich auf Frauensuche begibt, ein paar Dinge – zumeist allerdings nur Äußerlichkeiten. Vermutlich wird er sich einige neue Kleidungsstücke kaufen, in denen er sich wohlfühlt (neue Verpackung). Möglicherweise geht er auch ins Fitness-Studio und bemüht sich, seinen Bierbauch loszuwerden (Produktverbesserung). In extremen Fällen kommt es sogar zur Verwendung von Aftershave oder anderen Duftwässerchen.

Dann begibt sich der Kandidat auf den Markt und betreibt gezielte Marktforschung, um sich einen Überblick über das Angebot zu verschaffen. Möglicherweise liest er zunächst die Kontaktanzeigen in der Zeitung und schreibt Frauen an, die ihn interessieren. Vielleicht gibt er auch selbst eine Anzeige auf und hofft auf Reaktionen von tollen Frauen. Die Tatsache, dass es solche Anzeigen in fast allen Zeitungen gibt, lässt darauf schließen, dass dies eine erfolgreiche Methode ist – wobei ich bisher noch niemanden getroffen habe, der sie ausprobiert hat oder ehrlich genug war, es zuzugeben.

Ich habe selbst jahrelang im Anzeigenbereich gearbeitet und wage zu behaupten, dass Annoncen ein guter Einstieg für die Partnersuche sind. Natürlich sollte man dabei auf bestimmte Dinge achten. So ist zum Beispiel eine gute »Produktbeschreibung« sehr wichtig. Würden Sie sich selbst als »großen, gutaussehenden, männlichen Typ« charakterisieren, der »Tiere und Kinder liebt, Nichtraucher ist, nur in Gesellschaft trinkt, ein Haus und ein Auto hat, beruflich erfolgreich ist« und so weiter, weil das die Dinge sind, die Frauen sich Ihrer Meinung nach bei einem Mann wünschen? Bleiben Sie lieber bei der Wahrheit – die Leserinnen werden ohnehin kaum glauben, dass so ein Traummann noch frei herumläuft!

Die Zielgruppensuche – ein wichtiges Marketinginstrument

Vermutlich ist eine gezieltere Suche unter Berücksichtigung der sogenannten »psychografischen Merkmale« Erfolg versprechender. Damit bezeichnet man in der Marketingsprache die Interessen, Erfahrungen und Überzeugungen, die einen Menschen von anderen unterscheiden. Diese Merkmale gehen weit über demografische Daten wie Alter, Einkommen und ähnliche Faktoren hinaus. Auf diese Weise erhöht man seine Chancen, jemanden mit gleichen Vorlieben und Anschauungen zu treffen. Diese Kriterien sind wichtiger als etwa eine Übereinstimmung des sozialen Umfelds oder anderer nicht sehr aussagekräftiger Kriterien. Die Menschen aus meinem Bekanntenkreis mit den glücklichsten Beziehungen gehen gemeinsamen Aktivitäten nach oder haben dieselbe Leidenschaft für bestimmte Dinge. Vor Kurzem besuchte ich ein Konzert und war erstaunt darüber, dass so viele Paare im mittleren und höheren Alter dort waren. Man merkte ihnen an, wie sehr sie das musikalische, aber auch das gemeinschaftliche Erlebnis genossen. Als Single-Mann kann man sich sehr vielen Gruppen, Vereinen oder Organisationen anschließen, deren Mitglieder die gleichen Interessen haben wie man selbst. Man sollte in diesen Gruppen aber nicht ausschließlich nach einer Frau Ausschau halten, sondern sie vor allem als angenehme Umgebung betrachten, in der man ungezwungen in Kontakt mit ähnlich gesinnten Menschen kommt. Natürlich ist nicht auszuschließen, dass man in der Gruppe einer geeigneten Partnerin begegnet.

Nicht alle Männer interessieren sich für Kunst oder andere schöngeistige Dinge. Doch es gibt viele andere Hobbys, denen man in einer Gruppe nachgehen kann, zum Beispiel Bergsteigen oder ausgefallenere Dinge wie Canyoning oder Ballonfahren. Fast alle Sportarten werden mittlerweile von beiden Geschlechtern ausgeübt – man denke nur ans Fußballspielen. Kegeln ist ebenfalls eine beliebte Freizeitbeschäftigung von Männern und Frauen. Und auch Tennis- oder Golfclubs können ideale Orte sein, um neue Leute kennenzulernen oder eine Partnerin zu finden.

Für viele ist sicher auch die Single-Kneipe ein guter Treffpunkt. Ich muss gestehen, dass ich mich in diesem Bereich nicht gut auskenne. Vielleicht sind diese Bars eher etwas für Männer, die auf einen One-Night-Stand aus sind. Allerdings kann es durchaus sein, dass Sie viel Zeit und Energie darauf verwenden, eine Frau anzubaggern, die überhaupt nicht zu Ihnen passt.

Doch wo kann der einsame Mann nun, abgesehen von Single-Kneipen und Kontaktanzeigen in der Zeitung, noch nach einer Frau suchen?

Single-Börsen im Internet

Im elektronischen Zeitalter gibt es zahlreiche weitere Möglichkeiten, eine neue Liebe zu finden. Dazu gehören die Single-Börsen und die ständig steigende Anzahl von Kontaktanzeigen im Internet.

Anfangs dachte ich, diese Kontaktanzeigen im Web würden nur von Leuten genutzt, die verzweifelt auf der Suche nach Sex oder Sex-Talk sind. Das stimmt zwar zum Teil, aber viele Menschen suchen auf diesem Weg auch eine ernsthafte und langfristige Beziehung. Und nicht selten haben sie auch Erfolg. Ein Freund von mir ist gerade in England. Er trifft sich dort mit einer Frau, die er über das Internet kennengelernt hat und mit der er seit etwa einem Jahr korrespondiert. Die beiden wollen noch in diesem Jahr heiraten. Nicht alle Männer haben so viel Glück. Manch einer muss feststellen, dass Bekanntschaften, die online begonnen haben, oft kurz und knapp mit einem Gruß per Mail wieder beendet werden. Manchmal wird der Kontakt auch einfach kommentarlos wieder abgebrochen.

Alles in allem scheint die Partnersuche im Internet durchaus ein lohnender Weg zu sein. Abgesehen von dem jungen Mann, der bald heiraten wird, kenne ich noch zwei weitere Männer, die im Internet tolle Frauen kennengelernt haben. Auch hier laufen die Hochzeitsvorbereitungen. Beide Frauen sind aus Europa und freuen sich darauf, bald in Australien zu leben. Dieser Aspekt der Globalisierung ist wirklich positiv und wird hoffentlich auch in Zukunft unsere multikulturelle Gesellschaft bereichern.

Partnervermittlungen

Ich selbst würde mich lieber an eine vertrauenswürdige Partnervermittlung wenden. Die Adressen dieser Agenturen findet man im Telefonbuch. Einige von ihnen sind auch mit eigenen Seiten im Internet vertreten, auf die sie Fotos ihrer Klientinnen stellen.

Wenn Sie zu den Männern gehören, die sich lieber von Angesicht zu Angesicht mit einer Frau unterhalten, sollten Sie sich an eine solche Agentur wenden. Seriöse Partnervermittlungen beschäftigen Interviewer, die eine solide Menschenkenntnis und viel Erfahrung haben und daher gute Dienste dabei leisten, einen passenden Partner zu finden.

Ich kenne eine erfolgreiche Agentur, bei der man zunächst einmal zu einem persönlichen Gespräch eingeladen wird. Nach dem Gespräch erfolgt eine Art Beurteilung, die auch dazu führen kann, dass jemand abgelehnt wird. Durch die Beurteilung einerseits und die hohen Gebühren andererseits stellt die Agentur sicher, dass sich nur Leute vorstellen, die ernsthaft an einer neuen Partnerschaft interessiert sind. Die Mitarbeiter, die das (kostenlose) Erstgespräch führen, sind hoch qualifiziert und bieten den Kunden sogar intensive Beratungsgespräche an, falls es ihnen notwendig erscheint. Sie fordern ihre Klienten – vor allem die Männer – auf, sich selbst kritisch zu beurteilen, damit ein möglichst genaues Persönlichkeitsprofil erstellt werden kann.

Leider arbeiten nicht alle Partnervermittlungen so seriös und professionell wie diese. Wer also vorhat, sich an eine Agentur zu wenden, sollte sich vorher gut über sie informieren. Sonst kann die Partnersuche ein teurer Spaß werden, der obendrein viel Frust und Enttäuschung mit sich bringt.

Partnersuche am Arbeitsplatz

Früher war der Arbeitsplatz ein ideales Umfeld für die Partnersuche. Und zwar aus gutem Grund, denn: Man hat regelmäßig mit verschiedenen Frauen zu tun und kann sie gut kennenlernen, ohne seine Absichten gleich preisgeben zu müssen. Man kann ungezwungen beobachten, wie die Frauen sich in Alltagssituationen verhalten, und erfährt, wie andere sie sehen. Früher konnte man auch noch relativ unbedarft mit einer Kollegin flirten.

Heute hat sich die Situation ziemlich verändert, denn sexuelle Belästigung am Arbeitsplatz ist ein großes Thema. Manche Männer trauen sich nicht einmal mehr, ihren Kolleginnen gegenüber nett und aufmerksam zu sein, da sie befürchten, dass man ihnen sexuelle Belästigung unterstellen könnte. Viele Männer und Frauen bedauern, dass die Zeiten vorbei sind, in denen man sich kaum Gedanken um Political Correctness machen musste. Eine Bekannte von mir beklagte sich sogar einmal darüber, dass die Abschaffung des Flirts am Arbeitsplatz ihr den ganzen Spaß an der Arbeit verdorben habe.

Dennoch finden manche Menschen ihren Partner nach wie vor im Kollegenkreis. Wenn sie dies bekannt machen, stellt sich die Frage, wie die Vorgesetzten über eine Beziehung am Arbeitsplatz denken. Hier gibt es sehr unterschiedliche Ansichten, und es ist nicht verkehrt, schon vorab herauszufinden, wie in der Führungsetage darüber gedacht wird. In einem großen Unternehmen, in dem ich gearbeitet habe, gab es folgende Regel: Einer der beiden Partner musste seinen Job kündigen. Das war nicht nur eine sehr rigide Haltung, sondern sie erwies sich auch als kostspielig, denn häufig entstanden Beziehungen zwischen langjährigen und hoch qualifizierten Mitarbeitern, die beide enorm wichtig für die Firma waren. Ganz anders die Erfahrung eines jung verheirateten Paares: Beide Partner wurden zu Vorstellungsgesprächen an einer großen Universität eingeladen – mit dem Hintergedanken, dass sie »im Doppelpack« kommen würden.

Natürlich wirft die neue Situation allerlei Fragen auf: Wie gehen die beiden Partner damit um, wenn sie nicht nur das Büro, sondern auch das Schlafzimmer miteinander teilen? Stress, Probleme und Meinungsverschiedenheiten am Arbeitsplatz können dann auch die Beziehung enorm belasten.

Auf der anderen Seite gibt es auch viele positive Beispiele: (Ehe-)Paare, die nicht nur im gemeinsamen Berufsleben ausgesprochen erfolgreich sind, sondern sich auch in ihrer Zweierbeziehung blendend verstehen. Ich hatte selbst das Glück, einige Jahre eine solche Situation zu erleben, und empfand es als Stärkung für unsere Ehe, dass wir uns um den Erfolg des gemeinsamen Geschäfts bemühten.

Zusammenfassend kann man sagen: Es gibt keinen leichten und schnellen Weg, die perfekte Partnerin zu finden. Die unvermittelte Begegnung mit einer Seelenverwandten ist eine seltene und wunderbare Erfahrung, die nur den Wenigsten von uns zuteil wird. Natürlich können wir selbst etwas dazu tun, damit wir diese Person finden: aus dem Haus gehen, uns um eine positive und optimistische Ausstrahlung bemühen und uns natürlich dort aufhalten, wo die Chance besteht, eine Frau zu finden, die zu uns passt. Natürlich braucht es seine Zeit, bis die Wunden der Trennung geheilt und Sie überhaupt bereit sind, sich wieder auf die Suche nach einer Frau zu machen. Sie sollten unbedingt emotional ausgeglichen und gefestigt sein, bevor Sie sich auf eine neue Beziehung einlassen.

Ganz wichtig ist auch Folgendes: Glauben Sie nicht,

dass Ihre Traumfrau plötzlich vom Himmel fällt. Natürlich gibt es auch Geschichten von Menschen, deren Blicke sich plötzlich inmitten einer Menschenmenge treffen ... Doch das passiert nur sehr selten. Die Partnersuche erfordert wie jede andere Aufgabe, dass man sie gezielt, strategisch und engagiert angeht.

■ Kernpunkte

- Wenn Sie bereit sind, sich wieder auf eine Beziehung einzulassen, sollten Sie sich mit Herz und Verstand auf Partnersuche begeben.
- Kontaktanzeigen können ein Einstieg sein, aber sich einer Gruppe von Menschen mit gemeinsamen Interessen anzuschließen ist Erfolg versprechender.
- Anzeigen im Internet bieten eher Masse als Klasse.
- Seriöse Partneragenturen gewährleisten einen guten Service und häufig kommt es zu erfolgreichen Vermittlungen.
- Sehen Sie sich an Ihrem Arbeitsplatz um. Nicht selten haben Kolleginnen ähnliche Interessen und Ansichten.

23 Übereinstimmungen

Viele Menschen suchen einen
Schützenden Hafen vor der Welt,
Wenn sie sich verlieben.

Bertrand Russell

Bei den meisten meiner Bekannten, die eine stabile Beziehung führen, pflegen die Partner einen ähnlichen Lebensstil. Einfache Dinge, wie zum Beispiel der gleiche Musikgeschmack, spielen hier eine wichtige Rolle. Eine Mischung aus lauter Hard-Rock-Musik und Beethovens »Eroica«, empfinde ich persönlich als äußerst schmerzhaft und als ein offensichtliches Zeichen von Spannungen in einer Beziehung. Wenn der Musikgeschmack der Partner sehr unterschiedlich ist, kann man sich natürlich mit Kopfhörern behelfen. Viel schöner ist es aber, Musik gemeinsam zu genießen, egal, ob es eine Symphonie oder ein Jazzkonzert in einem Kellerlokal ist.

Wenn sich einer dem anderen zuliebe Dingen aussetzt, die ihm eigentlich grundsätzlich widerstreben, wird er sich früher oder später darüber ärgern, was wiederum die Beziehung belastet. Andererseits sollten wir bedenken, dass manche Dinge im Leben gewöhnungsbedürftig sind, und offen für Neues sein.

Für die Interessen des Partners offen sein

Meine erste Frau war eine verhinderte Tänzerin. Sie liebte das Ballett, daher sahen wir uns jede neue Aufführung an. Am Anfang ging ich in erster Linie mit, um ihr einen Gefallen zu tun, doch schon bald sprang der Funke auf mich über. Nach einer Weile kannten wir viele Tänzerinnen und

Tänzer, fachsimpelten über ihre Tanzstile und beobachteten ihre Entwicklung, so wie andere Leute den Werdegang ihrer Lieblingsfußballer verfolgen. Schon bald konnte ich kompetent über die wunderbare Sprungkraft der neuen Primaballerina reden oder über die gekonnten »Entrechats« einer anderen. Die Ballettaufführungen machten mir einen Riesenspaß – sodass sich manche meiner männlichen Freunde schon darüber lustig machten, wenn ich mit Begeisterung davon sprach.

Offen für die Interessen des anderen zu sein, kann neue Horizonte eröffnen. Außerdem vertieft es die Beziehung. Selbstverständlich darf es in einer guten Partnerschaft auch Bereiche geben, in denen Sie nicht übereinstimmen und das auch akzeptieren. Auf der anderen Seite kann eine bestimmte Gewohnheit des einen für den anderen unerträglich sein und zu Konflikten führen. Ist Ihnen schon einmal aufgefallen, wie oft in Kontaktanzeigen Rauchen bzw. Nichtrauchen ein Thema ist? Rauchen ist für viele ein echtes Problem geworden, besonders für diejenigen, die selbst damit aufgehört haben. Ein Bekannter von mir schafft es einfach nicht, sich das Rauchen abzugewöhnen, obwohl es seine Frau extrem stört. Die beiden haben sich darauf geeinigt, dass er nicht im Haus raucht. Im Sommer sucht er regelmäßig die Terrasse auf, im Winter jedoch raucht er manchmal heimlich im Bad.

Freizeitgestaltung

Wie bereits erwähnt, kann ein neues Hobby Sie ablenken und auf andere Gedanken bringen. Außerdem schafft es Gelegenheit für neue Bekanntschaften. Wenn Sie etwas tun, das Ihnen Spaß macht, treffen Sie dabei garantiert auf Menschen mit ähnlichen Interessen. Zwar werden Sie kaum jemandem begegnen, der all Ihre Interessen teilt, doch häufig stellt sich heraus, dass Menschen mit einem gemeinsamen Hobby auch in anderen Lebensbereichen Gemeinsamkeiten haben.

Erwarten Sie nicht, bei der erstbesten Gelegenheit die ideale Partnerin zu treffen. Aber möglicherweise kommen Sie ihr ein bisschen näher, wenn Sie sich an den richtigen Orten umsehen.

Wenn Sie einer Frau begegnen, die ihre Freizeit zwar ähnlich verbringt wie Sie, ansonsten aber ein völlig anderes Leben führt, sollten Sie ernsthaft überlegen, ob sie tatsächlich die richtige für Sie ist. Wird es Ihnen gelingen, sich dem Lebensstil der neuen Partnerin anzupassen? Ist sie bereit, sich zu verändern? Oder finden Sie einen akzeptablen Kompromiss, der für Sie beide befriedigend ist?

Charaktereigenschaften

Noch wichtiger für eine Beziehung als die Vereinbarkeit verschiedener Lebensstile sind die Charaktereigenschaften, denn diese lassen sich nicht verändern. Ein Freund von mir ist ein großer Träumer, der völlig in seiner eigenen Welt lebt. Seine Frau ist eine praktisch veranlagte, aktive und bestimmende Person, die mit einem zielstrebigen Mann gewiss glücklicher wäre. Doch die beiden verliebten sich leidenschaftlich ineinander, nachdem jeder von ihnen gerade eine unglückliche Ehe hinter sich hatte. Allerdings merkten sie schon bald, dass sie bis auf den Spaß im Bett nichts gemeinsam hatten. Sie hält ihn für faul und verantwortungslos. Er hingegen findet sie herrschsüchtig und intolerant. Mittlerweile leben sie getrennt, schlafen aber noch ab und zu miteinander. Doch für keinen von beiden ist das eine befriedigende Lösung.

Altersunterschied und ethnische Herkunft

Zwei Fragen tauchen immer wieder auf, wenn es darum geht, ob zwei Menschen zusammenpassen: zum einen der Altersunterschied und zum anderen die ethnische Herkunft. Studien zu diesen Themen sind mir zwar nicht bekannt, aber meiner Erfahrung zufolge haben diese Faktoren weniger Einfluss auf eine Beziehung als viele andere Dinge.

Dem Thema Altersunterschied begegnet man ständig. Bei den meisten Paaren ist die Frau jünger als der Mann, doch seit einiger Zeit findet auch hier ein Wandel statt. Ich kenne drei Paare, bei denen die Frauen älter sind als die Männer, und alle drei sind in jeder Hinsicht sehr glücklich. Ich habe selbst erlebt, dass der Altersunterschied kein großes Problem ist, wenn man in vielen Bereichen grundsätzlich übereinstimmt.

Die Frage der ethnischen Herkunft ist möglicherweise komplizierter, doch auch hier kann man nichts verallgemeinern. Ich habe viele Freunde und Bekannte aus anderen Ländern und Kulturkreisen, muss aber zugeben, dass ich es schwierig fände, tagein, tagaus mit einer Frau zu leben, die eine andere Muttersprache hat als ich und vermutlich auch einen völlig anderen Humor. Wenn ich also über eine Beziehung mit einer Frau aus einem anderen Kulturkreis nachdenken müsste, würde ich mir viele Gedanken darüber machen, ob sie langfristig funktionieren kann. Aber bei diesem Thema kann man, wie gesagt, nichts verallgemeinern, und vielleicht teilen Sie keinen einzigen meiner Vorbehalte.

Da wir viel Zeit mit unserer Partnerin verbringen, stellt sich auch die Frage nach der Qualität dieser Zeit. Wenn wir schon in den Anfängen der Beziehung den Eindruck haben, dass die gemeinsame Zeit langweilig, nervenaufreibend oder auch nur anstrengend werden könnte, sollten wir uns zu nichts verpflichten. Wir haben nur dieses eine

Leben, und wenn wir zulassen, dass unsere Lebensqualität durch einen anderen Menschen gemindert wird, machen wir nicht nur uns selbst unglücklich, sondern alle beide.

■ Kernpunkte

- Ein ähnlicher Lebensstil ist eine wichtige Voraussetzung für eine harmonische Beziehung.
- Seien Sie offen für die Interessen Ihrer Partnerin.
- Freizeitaktivitäten oder -treffs mit Gleichgesinnten sind gute Kontaktbörsen.
- Wenn der Lebensstil oder Charakter Ihrer neuen Freundin nicht zu Ihnen passen, ziehen Sie lieber die Handbremse.

24 Verträge

Ein mündlicher Vertrag
Ist das Papier nicht wert,
Auf dem er geschrieben steht.
Sam Goldwyn

Wir lernen schon früh im Leben, nach welchen Prinzipien ein Vertrag funktioniert, auch wenn wir uns dessen nicht bewusst sind. »Wenn du ein braver Junge bist, kaufe ich dir ein Eis« – dieser Art waren die Verträge, die unsere Mütter mit uns geschlossen haben, als wir klein waren. Je älter wir wurden, desto wichtiger und umfassender wurden auch die Verträge. Sie spielen in unserem Arbeitsleben und auch in unserem Privatleben eine große Rolle.

Die Eheschließung ist wohl für die meisten von uns der wichtigste Vertrag im Leben. Doch die Ehe ist längst nicht mehr die einzige Beziehungsform, über die wir möglicherweise nachdenken. Egal, für welches Partnerschaftsmodell Sie sich entscheiden, Sie sollten eine klare Vorstellung davon haben, was der andere von Ihnen erwartet und Sie von ihm. Mit anderen Worten: Ein Vertrag muss her.

Warum ein Vertrag nötig ist

Manche Leute denken vielleicht, Beziehungen müssten nicht geregelt werden und ein Vertrag würde die persönliche Freiheit des Individuums einschränken. Das ist aber nicht der Fall. Im Gegenteil: Die individuelle Freiheit des Einzelnen wird durch einen Vertrag größer, weil beide Parteien sich von Anfang an darüber einigen, wie diese aussieht. Der Vertrag fördert den beiderseitigen Respekt und das gegenseitige Vertrauen.

Natürlich sind die Verträge bei jedem Paar unterschiedlich, je nachdem, wie die Beziehung aussieht und welche gegenseitigen Erwartungen die Partner haben. Manchmal ist es ratsam, sich am Anfang zunächst auf einen »Zeitvertrag« zu einigen und die Vereinbarungen regelmäßig gemeinsam zu überprüfen, während die Beziehung sich entwickelt und beide sich immer mehr aufeinander einspielen. Schließlich ändern sich einige Einstellungen im Laufe einer Partnerschaft. Für andere Paare kann ein langfristiger Vertrag besser geeignet sein. Damit kommen wir zu dem Vertrag, der bei einer christlichen Hochzeit geschlossen wird und sehr klare Regeln enthält. Früher galten sie, »bis dass der Tod euch scheidet«. Ich habe mit etlichen Menschen über diesen Vertrag gesprochen und war überrascht, wie viele den alten Regeln heute wieder große Bedeutung beimessen. Auch zahlreiche junge Menschen, die noch nicht verheiratet sind, sehen einen großen Wert in christlichen Trauungen und Regeln.

Die Bedeutung eines schriftlichen Vertrags

Ob Ihr Vertrag nun auf traditionellen Werten basiert oder individuell zugeschnitten ist – in jedem Fall sollte er schriftlich abgefasst werden, und beide Partner sollten mit dem Inhalt einverstanden sein. Sam Goldwyn hat vollkommen recht mit seiner anfangs zitierten Aussage, dass eine mündliche Absprache nicht ausreicht. Später gibt es häufig Streit über Dinge, die nur mündlich vereinbart wurden. Zu den schlimmsten Beziehungskatastrophen kommt es, wenn einer der Partner etwas sagt oder tut, das der andere überhaupt nicht erwartet hat und keinesfalls akzeptieren kann. Der Vertrag sollte daher alle Aspekte beinhalten, die in einer Partnerschaft von Bedeutung sind.

Untreue ist nach wie vor einer der häufigsten Trennungsgründe. Ein Vertrag kann die möglichen Ursachen für Untreue natürlich nicht ausräumen, aber zumindest haben beide Partner im Vertrag geregelt, was sie in puncto Treue erwarten. Viele Paare sprechen dieses heikle Thema zu Beginn der Beziehung leider nicht an und merken zu spät, dass sie diesbezüglich unterschiedliche Auffassungen haben. Für den einen kann ein kleiner Flirt schon sehr verletzend sein, für den anderen ist vielleicht durchaus akzeptabel, wenn der Partner ab und zu eine Affäre hat. Beim Thema Treue gibt es eine große Grauzone. Deshalb sollte dieser Punkt in einem Beziehungsvertrag beziehungsweise – um einen mittlerweile gängigeren Begriff zu verwenden – einer »Absichtserklärung« geregelt sein. Es ist ausgesprochen sinnvoll, vorerst eine solche Absichtserklärung zu formulieren, denn zunächst geht es ja genau darum. Beide Partner werden sich konkret über ihre gegenseitigen Absichten klar. Wenn sie später davon abweichen, können sie ihre Erklärung gemeinsam überprüfen und eventuell verändern.

Treue ist zwar eine wichtige Basis für Beziehungen, aber bei Weitem nicht das einzige Thema, das vertraglich vereinbart werden sollte. Für manche Menschen können schon vermeintliche Kleinigkeiten den Frieden in der Beziehung stören. So sind zum Beispiel Fragen der Körperpflege für viele extrem wichtig. Als ich einmal in einer Gruppe das Produkt eines Kunden testete, bekannte eine Teilnehmerin Folgendes: Sie erlaube ihrem Mann nicht, ins Bett zu kommen, bevor er nicht frisch geduscht sei und seine Zähne geputzt habe. In der Gruppe war leises Gelächter zu hören, doch dann sagte eine andere Teilnehmerin, die offensichtlich neidisch war: »Mein Kerl zieht nicht einmal seine Socken aus.« Die eine Frau war offenbar sehr zufrieden mit ihrem Beziehungsvertrag, die andere sichtlich unzufrieden, dass sie keinerlei Vereinbarung mit ihrem Mann getroffen hatte.

Ob es um Themen wie Pünktlichkeit, Trinkgewohnheiten, Rauchen, Drogen, Geselligkeit, Manieren oder um andere Dinge geht: Fast alle Facetten menschlichen Verhaltens können zu Unstimmigkeiten in einer Beziehung führen. Manche Gewohnheiten, die man am Anfang einer Partnerschaft lediglich als etwas lästig empfindet, können unerträglich werden, wenn der Rausch der ersten Verliebtheit verflogen ist. Die meisten Dinge sind zu banal, um zu einem echten Problem zu werden. Oft hilft hier schon ein kleiner »Tauschhandel«. Er feilscht: »Also gut, ich klappe den Klodeckel wieder herunter, wenn du aufhörst, die Zahnpastatube von der Mitte her auszudrücken.« Und sie: »Ich lasse mir die Haare wachsen, wenn du dir deinen Schnauzer abrasierst.«

Verträge sind notwendig, wenn Sie zusammenwohnen. Regelungen zu den Themen Geld, Hausarbeit und den vielen Kleinigkeiten des Alltags sollten konkret festgehalten werden. Es ist immer wieder erstaunlich, wie viele Menschen sich auf eine Beziehung einlassen, ohne im Geringsten zu wissen, was sie zu erwarten haben und was von ihnen erwartet wird. Ein Freund von mir heiratete zum zweiten Mal und stellte erst danach fest, dass seine Frau überhaupt nicht kochen konnte. Seine erste Frau war eine hervorragende Köchin gewesen, die ihm sogar den Zutritt zur Küche verboten hatte – außer zum Spülen. Der Mann hatte angenommen, alle Frauen könnten kochen. Das Paar löste das Problem, indem es gemeinsam Kochkurse besuchte. Dabei stellte der Mann fest, dass er selbst eine große Begabung fürs Kochen hatte.

Ob es uns passt oder nicht: Jede Beziehung ist bereits indirekt ein Vertrag. Wichtig ist, dass beide Parteien diesen Vertrag bewusst ausarbeiten, sodass künftige Streitigkeiten nicht mit dem klassischen Satz beginnen: »Aber ich dachte, wir hätten uns darauf geeinigt, dass …« Damit das Ganze auch funktioniert, müssen die Partner die Regeln besprechen und schriftlich festhalten. Das bedeutet aber nicht, dass die Vereinbarungen unveränderlich sind. Im Gegenteil. Nehmen Sie am besten einen Passus in Ihren

Vertrag auf, in dem es sinngemäß heißt: »Wir einigen uns darauf, dass dieser Vertrag von Zeit zu Zeit überprüft wird, um sicherzustellen, dass er stets unserer persönlichen Entwicklung sowie veränderten Bedürfnissen und Zielen entspricht.«

Ein Beziehungsvertrag, auf den sich beide einigen können, ist ein guter Grundstein für eine langjährige Beziehung, wenn auch keine Garantie. Doch zumindest beugt er vielen Missverständnissen vor. Wenn die Partner darüber hinaus offen und häufig miteinander reden, können sie durchaus optimistisch in ihre gemeinsame Zukunft blicken.

■ Kernpunkte

- Die Freiheit des Einzelnen wird durch einen Vertrag nicht beschnitten, sondern gefördert.
- Verträge sollten alle Aspekte einer Beziehung behandeln und schriftlich festgehalten werden.
- Gestalten Sie Ihren Vertrag flexibel, damit Änderungen in der Zukunft möglich sind.

25 Monogamie

Wer die Einsamkeit fürchtet,
Sollte nicht heiraten.
Anton Tschechow

In unserer Gesellschaft gilt die Monogamie nach wie vor als Norm. In der Praxis wird sie vermutlich häufig anders betrachtet: als eine von mehreren Optionen. Viele Menschen leben heute nach dem Prinzip der seriellen Monogamie, demzufolge man mehrere Beziehungen im Leben haben kann, solange sie nacheinander stattfinden. Dieses Prinzip ist sicher zeitgemäßer, denn wann trifft man heute noch Menschen – außer vielleicht sehr alten Ehepaaren –, die ihr ganzes Leben lang nur eine einzige Beziehung hatten?

Es ist eigentlich unnötig zu erwähnen, dass viele Ehepartner sich zwar zur Monogamie bekennen, dass dies aber nur ein Lippenbekenntnis ist, weil sie in Wirklichkeit außereheliche Affären haben. Manchmal werden diese vom anderen stillschweigend geduldet, manchmal ist er aber auch völlig ahnungslos. Leider ist die eheliche Treue kein allgemeingültiges Prinzip mehr, und es gibt heute einige Menschen, die Seitensprünge durchaus normal und akzeptabel finden.

Den eigenen Standpunkt klären

Wenn Sie die Regeln für eine langfristige Beziehung festlegen, gibt es die folgenden grundlegenden Möglichkeiten:

- permanente Monogamie (allen anderen entsagen)
- serielle Monogamie (beiderseitige Treue, bis die Beziehung zu Ende ist)

- offene Ehe (beide dürfen andere Geschlechtspartner haben)
- heimliche Untreue (vorgetäuschte Monogamie)

Wenn wir über diese Möglichkeiten nachdenken – und das sollten wir zu Beginn einer neuen Beziehung tun –, müssen wir zwei wichtige Aspekte bedenken. Erstens: Egal, für welche Beziehungsform wir uns entscheiden, beide Partner müssen damit einverstanden sein. Wenn ein Partner erst nach langem Zögern zustimmt, wird es früher oder später Probleme geben, auch wenn die Vereinbarung zunächst akzeptabel scheint. Irgendwann wird derjenige, der nur widerwillig zugestimmt hat, nicht mehr zufrieden mit der Regelung sein. Und die Unzufriedenheit kann sich schnell in Wut verwandeln, vor allem wenn es um das Thema Sexualität geht. Ich kenne mehrere Paare, die sich zu einer offenen Ehe entschlossen haben. Aber bei genauerer Betrachtung merkt man, dass einer der beiden Partner unter dieser Vereinbarung leidet.

Der zweite Aspekt, den wir bedenken sollten, wenn wir uns für eine bestimmte Beziehungsform entscheiden, ist folgender: Beide Partner müssen darauf achten, dass ihre Beziehung nicht gefährdet wird, egal, welches Modell sie wählen. Natürlich ist die Verbindlichkeit innerhalb einer Beziehung eine sehr individuelle Angelegenheit. Dennoch sollte jeder für sich klären, wozu er sich in einer Partnerschaft verpflichten will. Auch hier ist entscheidend, dass sich beide über die gegenseitigen Verpflichtungen einigen und sich dann auch daran halten.

Ein Paar in meinem Bekanntenkreis hatte sich mehr oder weniger stillschweigend darauf geeinigt, dass der Mann ab und zu eine Affäre hatte, vor allem, wenn er auf Geschäftsreise war. Es gab keine Probleme, solange er diskret war. Kritisch wurde es jedoch, als eine seiner Geliebten ihn für sich erobern wollte und seine Frau mit der Affäre konfrontierte. Die Ehe wurde auf eine harte

Probe gestellt, doch glücklicherweise hat sie die Krise überstanden.

Der Psychologe und Familientherapeut Steve Biddulph schreibt Folgendes über die Monogamie: »Wegen des tiefen Vertrauens, das nötig ist, um überhaupt so viel Nähe zuzulassen, ist es nicht möglich, sich sexuell auf mehr als einen Partner einzulassen und dann etwas anderes als Chaos zu erwarten … Seitensprünge führen immer zu großem Leid.«

Diese Aussage beantwortet auch die Frage, was eine funktionierende Beziehung ausmacht. Ohne eine gewisse Verpflichtung und ohne Vertrauen kann es keine echte Beziehung geben. Und das Gefühl der Verpflichtung und des Vertrauens wird untergraben, wenn die Partner untreu sind.

Die großen Liebhaber der Geschichte wie Don Juan und Errol Flynn werden von vielen Männern beneidet, die sich für ein konventionelles Beziehungsmodell entschieden haben. Doch man bedenke dabei das traurige Ende, das die meisten von ihnen gefunden haben: als einsame, ungeliebte Männer.

Monogamie – die angenehme Wahl

Wenn Sie wirklich glücklich werden möchten, spricht vieles für die Monogamie. Sie ist gewiss die gesündeste Alternative für Körper und Seele. Vertrauen ist ein wichtiges Element für eine glückliche Beziehung. Und ohne Treue kann es kein Vertrauen geben.

Vielleicht empfinden Sie diese Haltung als zu streng, und ich vertrete ja auch nur meine Meinung. In manchen Beziehungen sind beide Partner mit einem offeneren und freizügigeren Umgang mit Sexualität einverstanden. Und für einige Menschen ist die sexuelle Treue in der Beziehung ein eher nebensächliches Thema. Jedes Paar muss letztlich für sich selbst herausfinden, wie die Partnerschaft gestaltet werden soll.

Natürlich sollte auch die Frage gestellt werden, ob die Monogamie tatsächlich ein praktikables Konzept ist. Könnte es sein, dass wir eigentlich nicht dafür geschaffen sind, nur einem einzigen Menschen treu zu sein, »bis dass der Tod euch scheidet«? Halten Liebesbeziehungen grundsätzlich nur eine gewisse Zeit lang? Sollten wir akzeptieren, dass wahre Liebe genauso vergänglich ist wie die Schönheit einer Rose, die im Laufe der Zeit verwelkt?

Sensible und integre Menschen sind eigentlich immer bindungs- und beziehungsfähig. Natürlich kann es nach einer Trennung Phasen geben, in denen sie nicht mehr an die Liebe glauben und das Gefühl haben, einem Hirngespinst nachzulaufen. Vielleicht sind sie dann der Meinung, One-Night-Stands oder kurze Affären seien die Antwort darauf. Allerdings hoffe ich sehr, dass Trennungsgeschädigte früher oder später den Wert einer monogamen Beziehung wieder erkennen. Vielleicht sind wir tatsächlich nicht dafür geschaffen, unser ganzes Leben nur einem einzigen Menschen treu zu sein. Möglicherweise entspricht uns die serielle Monogamie viel mehr. Denken Sie darüber nach, bevor Sie ein Don Juan werden oder, noch schlimmer, ein Einsiedler.

■ Kernpunkte

- Denken Sie gut darüber nach, wie Sie es mit der sexuellen Treue halten wollen, bevor Sie sich auf eine Beziehung einlassen.
- Überlegen Sie sich, wie wichtig Ihnen Loyalität und Treue in einer neuen Ehe oder Beziehung sind.

Nachwort

Du lässt deine zu eng gewordene Schale
Am ruhelosen Meer des Lebens zurück.
Oliver Wendell Holmes

Bei den Recherchen zu diesem Buch begegnete ich vielen unglücklichen Menschen und wurde teilweise auch in ihr Unglück hineingezogen. Einige Männer, mit denen ich gesprochen habe, waren fast am Ende ihrer Kräfte. Manche schafften es nicht, das Trennungstrauma zu überwinden: Einer von ihnen erschoss sich, mehrere wurden Alkoholiker und andere gaben sich selbst völlig auf und existierten nur noch – ohne einen Funken Hoffnung oder Lebensfreude.

Aber glücklicherweise kann ich auch sagen, dass die meisten Männer die Trennung überwunden und neues Glück oder zumindest Zufriedenheit gefunden haben. Sie haben die alte Schale, aus der sie herausgewachsen waren, abgeworfen und sind jetzt gereifte Männer, die ihr Leben wieder im Griff haben. Viele von ihnen sprachen davon, zufrieden zu sein, und ich weiß aus eigener Erfahrung, was dieser Begriff bedeutet. Er trifft vor allem auf diejenigen von uns zu, die schwere Zeiten hinter sich haben, an ihnen gewachsen sind und nun auch mit ihrer eigenen Gesellschaft zufrieden sind.

Das soll natürlich nicht heißen, dass man am besten alleine bleibt. Aber es ist beruhigend zu wissen, dass viele Männer sich nicht aufgeben, sondern sich auch ohne eine neue Beziehung weiterentwickeln. Die meisten wünschen sich früher oder später eine neue Partnerin, sind aber nicht bereit, einen schlechten Tausch zu machen.

Malcolm, den ich bereits erwähnt habe, ist ein typischer Mensch mit Helfersyndrom. Er heiratete Jeanette, als sie auf dem Höhepunkt ihrer Karriere als Tänzerin war. Sie war sehr schön und begabt, litt jedoch an Magersucht, was bei Tänzern oder auch Athleten nicht selten vorkommt. Sie verheimlichte Malcolm ihre Krankheit nicht, und dieser schaltete sofort in seinen »Edler-Ritter-Modus« um. Er setzte sich zum Ziel, seine wunderbare Frau von ihrer Sucht zu befreien.

Jeanette wurde so schwach, dass sie nicht mehr tanzen konnte. Aufgrund des starken Gewichtsverlustes bekam sie nach einiger Zeit ihre Periode nicht mehr. Malcolm versuchte das Problem mithilfe einer ausgeklügelten Ernährungsumstellung in den Griff zu bekommen. Als er eines Abends nach Hause kam, eröffnete seine Frau ihm weinend vor Glück: »Liebling, ich habe meine Periode wieder bekommen.« Malcolm erzählte mir, dass dies sein größter Erfolg war. »Nichts, was ich jemals in meinem Leben erreichen werde, wird dem Triumph dieses Augenblicks gleichkommen«, sagte er. »Selbst wenn ich den Nobelpreis bekommen hätte, wäre ich nicht so stolz gewesen wie in diesem Augenblick. Denn ich wusste, dass ich meine Frau buchstäblich wieder zum Leben erweckt hatte.«

Es wäre schön, wenn die Geschichte mit diesem Happy-End ausgegangen wäre. Aber leider kam es anders. Jeanette fing an, sich heimlich mit Essen vollzustopfen und es wieder zu erbrechen. Bald war sie wieder bedrohlich dürr und schwach. Außerdem litt sie unter extremen Stimmungsschwankungen, was Malcolm große Sorgen machte. Er fühlte sich hilflos und verzweifelt.

Als er eines Abends nach Hause kam, stand die Polizei vor seiner Tür. Seine Frau war bei einem Autounfall ums Leben gekommen. Sie war in einer engen Bergkurve von der Straße abgekommen und Hunderte von Meter tief in eine Schlucht gestürzt. Sie war sofort tot gewesen. Die Polizei kam zu dem Schluss, dass es sich um einen Unfall gehandelt hatte, doch Malcolm fand einige Zeit später einen Abschiedsbrief seiner Frau.

Es folgten sehr unglückliche Jahre für ihn. Er hatte ein oder zwei kurze Beziehungen, die scheiterten, weil Malcolm seine Trauerarbeit noch nicht abgeschlossen hatte.

Heute lebt er alleine in einem kleinen Haus am Meer und schreibt Bücher. Im Gegensatz zu früher ist er jetzt sehr ruhig und ausgeglichen. Er räumt ein, dass er sehr hart an sich arbeiten musste, um diese innere Ruhe zu finden.

»Als ich hier einzog, war dieser Ort nur eine Zuflucht für mich«, erklärte er mir. »Jetzt ist es mein Zuhause und ich bin gerne hier. Ich genieße es, meine eigene Sphäre zu haben, und es gefällt mir, dass ich kommen und gehen kann, wann es mir passt, und das hat nichts mit Egoismus zu tun. Ich habe tatsächlich gelernt, das Alleinsein zu genießen. Allein zu sein hat überhaupt nichts mit Einsamkeit zu tun. Die schlimmste Einsamkeit habe ich während meiner Ehe erlebt.«

Malcolm kann sich durchaus wieder eine Beziehung vorstellen. »Es wird geschehen, wenn es geschehen soll, und dann werde ich der glücklichste Mensch der Welt sein. Aber ich verschwende keine Zeit damit, nach einer Frau für die Zukunft zu suchen. Es gibt zu viele andere Dinge, die ich tun möchte – zum Beispiel mein aktuelles Buchprojekt zum Abschluss bringen. Natürlich weiß ich noch, wie wichtig Sex einmal für mich war. Es wäre schon mal wieder nett, bestimmt sogar.«

Wenn Malcolm eine neue Partnerin findet, wünsche ich ihm sehr, dass er nicht wieder in seine Helferrolle verfällt und den traurigen Part des Co-Abhängigen spielt, wie er es schon bei Jeanette gemacht hat. Sicher wird er sehr bewusst mit der Situation umgehen müssen, um seine alten Muster zu vermeiden.

Sich selbst finden – eine gute Voraussetzung für eine Partnerschaft

Viele Männer, die ich in diesem Buch erwähnt habe, leben mittlerweile in glücklichen Beziehungen und haben ihr emotionales Gleichgewicht wieder gefunden. Und all den Fällen mit einem Happy End ist eins gemeinsam: Die Männer kamen mit ihrem Leben wieder gut klar, *bevor* sie eine neue Beziehung eingingen. Das ist das Geheimnis, um nach einer Trennung wieder glücklich zu werden. Erst wenn es Ihnen gelingt, Ihre alte Schale komplett abzuwerfen, sind Sie bereit für eine neue Beziehung.

Sehr viele Männer haben einen Weg aus den Trümmern ihrer Ehe gefunden und die Trauer nach der Trennung verarbeitet. Das macht ihre Stärke aus. Es ist nicht schwer, das Licht am Ende des Tunnels zu sehen. Die Herausforderung besteht darin, den Weg dorthin auch zurückzulegen. Bei meinen Gesprächen mit »Überlebenden« staunte ich häufig über die Fähigkeit des Menschen, gereift aus einer leidvollen Erfahrung hervorzugehen und danach aufzublühen. Die Männer, die mutig in die Zukunft blickten, haben eine Kraft und Entschlossenheit entwickelt, die manche vielleicht nie nachvollziehen können. Der Gefühlstumult, der mit dem Scheitern einer Beziehung einhergeht, kann zugleich eine Initialzündung für die Selbstverwirklichung sein.

Männer, die das Trennungstrauma überstanden haben, können ihr Leben auf neue und bessere Weise gestalten. Dieser Prozess beginnt damit, sich genau anzusehen, wer man eigentlich ist. Wenn man das erkannt hat, sollte man sich voll und ganz akzeptieren – mit allen Ecken und Kanten. Viele Männer finden interessante Dinge über sich selbst heraus, wenn sie endlich einmal ehrlich sind und nicht mehr so tun, als wären sie ein anderer. Diese Entdeckungsreise kann die aufregendste und lohnendste Reise Ihres ganzen Lebens sein.

Allein zu reisen ist eine wunderbare Erfahrung, und wie auf den meisten Reisen werden Sie vermutlich unterwegs interessante Menschen kennenlernen. Einer davon könnte ein besonders wichtiger Mensch in Ihrem Leben werden, aber das erfahren Sie nur, wenn Sie sich auf den Weg machen.

Ich wünsche Ihnen eine gute Reise!

Aktuelle Themen im dtv

Hans Herbert von Arnim
Das Europa-Komplott
Wie EU-Funktionäre unsere Demokratie verscherbeln
ISBN 978-3-423-**34486**-9

Timothy Garton Ash
Freie Welt
Europa, Amerika und die Chance der Krise
Übers. v. S. Hornfeck und H. G. Holl
ISBN 978-3-423-**34322**-0

Olaf Baale, Werner Bergholz
Das deutsche Führungsproblem
Kompendium der Arbeitsfreude in Staat und Wirtschaft
ISBN 978-3-423-**24480**-0

Abbau Ost
Lügen, Vorurteile und sozialistische Schulden
ISBN 978-3-423-**34468**-5

Benjamin R. Barber
Imperium der Angst
Die USA und die Neuordnung der Welt
Übers. v. K. H. Siber
ISBN 978-3-423-**34438**-8

Christian Berg
Manuel J. Hartung
Welt retten für Einsteiger
30 Gründe für ein gutes Gewissen
ISBN 978-3-423-**24649**-1

Wolfgang Blau
Alysa Selene
German Dream
Visionen für Deutschland
ISBN 978-3-423-**24646**-0

Colin J. Campbell
Ölwechsel!
Das Ende des Erdölzeitalters und die Weichenstellung für die Zukunft
Übers. v. H. Roth
ISBN 978-3-423-**34389**-3

Joseph Croitoru
Der Märtyrer als Waffe
Die historischen Wurzeln des Selbstmordattentats
ISBN 978-3-423-**34326**-8

Jim Collins
Der Weg zu den Besten
Die sieben Management-Prinzipien für dauerhaften Unternehmenserfolg
Übers. v. M. Baltes und F. Böhler
ISBN 978-3-423-**34039**-7

Thomas Darnstädt
Konsens ist Nonsens
Wie die Republik regierbar wird
Ein SPIEGEL-Buch
ISBN 978-3-423-**34278**-0

Bitte besuchen Sie uns im Internet: www.dtv.de

Aktuelle Themen im dtv

Die demografische Lage der Nation
Wie zukunftsfähig sind Deutschlands Regionen?
Daten, Fakten, Analysen
Von Nienke van Olst und Reiner Klingholz
ISBN 978-3-423-**34296**-4

Günter Grass, Daniela Dahn, Johano Strasser
In einem reichen Land
Zeugnisse alltäglichen Leidens an der Gesellschaft
ISBN 978-3-423-**34131**-8

Robert Greene
Power
Die 48 Gesetze der Macht
Übers. v. H. Schickert und B. Brandau
ISBN 978-3-423-**36248**-1

Die 24 Gesetze der Verführung
Ein Joost-Elffers-Buch
Übers. v. H. Schickert
ISBN 978-3-423-**34081**-6

Amira Hass
Gaza
Tage und Nächte in einem besetzten Land
Übers. v. S. Langhaeuser
ISBN 978-3-423-**34138**-7

Rainer Hermann
Wohin geht die türkische Gesellschaft?
Kulturkampf in der Türkei
ISBN 978-3-423-**24682**-8

Kerstin Holm
Das korrupte Imperium
Bericht aus Rußland
ISBN 978-3-423-**34371**-8

Navid Kermani
Schöner neuer Orient
Berichte von Städten und Kriegen
ISBN 978-3-423-**34391**-6

Gudrun Krämer
Geschichte des Islam
ISBN 978-3-423-**34467**-8

Frank Lehmann
Wirtschaft
Worauf es wirklich ankommt
ISBN 978-3-423-**34096**-0

Mark Leonard
Warum Europa die Zukunft gehört
Übers. v. K. Neff
ISBN 978-3-423-**24526**-5

Irshad Manji
Der Aufbruch
Plädoyer für einen aufgeklärten Islam
Übers. v. S. Aeckerle
ISBN 978-3-423-**34193**-6

Paul Nolte
Riskante Moderne
Die Deutschen und der neue Kapitalismus
ISBN 978-3-423-**34440**-1

Aktuelle Themen im dtv

Nikolaus Nützel
Gesundheitspolitik ohne Rezept
Warum Deutschlands Medizinbetrieb so schwer zu kurieren ist
ISBN 978-3-423-**24614**-9

Katrin Rohnstock, Ralf Pasch
Mein Leben im Schatten der Blutrache
Die Geschichte der Gülnaz Beyaz
ISBN 978-3-423-**34480**-7

Manfred Rommel
Vom Schlaraffenland ins Jammertal?
Wir machen uns schlechter, als wir sind
ISBN 978-3-423-**34448**-7

Jonathan Schell
Die Politik des Friedens
Macht, Gewaltlosigkeit und die Interessen der Völker
Übers. v. H. Kober
ISBN 978-3-423-**34344**-2

Kurt Seinitz
Vorsicht China!
Wie das Reich der Mitte unser Leben verändert
ISBN 978-3-423-**34466**-1

Rita Süssmuth
Migration und Integration: Testfall für unsere Gesellschaft
ISBN 978-3-423-**24583**-8

Berndt-Georg Thamm
Der Dschihad in Asien
Die islamistische Gefahr in Russland und China
ISBN 978-3-423-**24652**-1

Die Abwehr von Flüchtlingen
Ein humanitäres Problem
Hg. v. Wolfgang Benz u. a.
ISBN 978-3-423-**34287**-2

Frederic Vester
Phänomen Streß
Wo liegt sein Ursprung, warum ist er lebenswichtig, wodurch ist er entartet?
ISBN 978-3-423-**33044**-2

Wolf Wagner
Wie Politik funktioniert
ISBN 978-3-423-**34163**-9

Fareed Zakaria
Das Ende der Freiheit?
Wieviel Demokratie verträgt der Mensch?
Übers. v. T. Waack
ISBN 978-3-423-**34387**-9